MENTES ANSIOSAS

Ana Beatriz Barbosa Silva
com a colaboração de Dra. Lya Ximenez

MENTES ANSIOSAS
O medo e a ansiedade nossos de cada dia

principium

Copyright © 2017 by Ana Beatriz Barbosa Silva
Copyright © 2017 by Abbs cursos e Palestras Eireli

Todos os direitos reservados. Nenhuma parte desta edição pode ser utilizada ou reproduzida – em qualquer meio ou forma, seja mecânico ou eletrônico, fotocópia, gravação etc. – nem apropriada ou estocada em sistema de banco de dados sem a expressa autorização da editora.

Texto fixado conforme as regras do Novo Acordo Ortográfico da Língua Portuguesa (Decreto Legislativo nº 54, de 1995).

Editora responsável: Camila Werner
Editor assistente: Lucas de Sena Lima
Assistente editorial: Milena Martins
Preparação: Silvia Massimini Felix
Revisão de texto: Jane Pessoa e Tomoe Moroizumi
Projeto gráfico: Mateus Valadares
Diagramação e capa: Gisele Baptista de Oliveira
Ilustrações: Fernando Gonda
Imagem da capa: Fotyma/Thinkstock

2ª edição, 2017 – 12ª reimpressão, 2023

CIP-BRASIL. CATALOGAÇÃO NA PUBLICAÇÃO
SINDICATO NACIONAL DOS EDITORES DE LIVROS, RJ

S578m

Silva, Ana Beatriz Barbosa
    Mentes ansiosas : medo e ansiedade nossos de cada dia / Ana Beatriz Barbosa Silva ; colaboração Lya Ximenez. - [2. ed.]. - São Paulo : Principium, 2017.
    296 p. : il. ; 23 cm.

ISBN 978-85-250-6508-7

1. Medo. 2. Ansiedade. 3. Transtornos da ansiedade. I. Ximenez, Lya. II. Título.

17-44481
CDD: 616.8522
CDU: 616.89

Direitos de edição em língua portuguesa para o Brasil adquiridos por Editora Globo S.A.
Rua Marquês de Pombal, 25 – Centro
20.230-240 – Rio de Janeiro – RJ
www.globolivros.com.br

Sumário

11 Introdução

15 Capítulo 1 — Ansiedade do ser

25 Capítulo 2 — Amores em tempos ansiosos: a ansiedade nas relações afetivas

37 Capítulo 3 — A ansiedade dos insones: o que fazer para melhorar o sono

51 Capítulo 4 — De super-humanos a superadoecidos: quando a ansiedade liga doenças

65 Capítulo 5 — Violência, medo e ansiedade: um trio inseparável

79 Capítulo 6 — Medo, ansiedade, estresse e transtornos de ansiedade: quando um começa e outro termina

91   Capítulo 7 — Transtorno de ansiedade generalizada (TAG): preocupação excessiva que não nos abandona

103   Capítulo 8 — Transtorno do pânico: apenas a ponta do iceberg

133   Capítulo 9 — Ansiedade: o combustível para as compulsões

149   Capítulo 10 — Fobia social: a timidez que traz sofrimento

167   Capítulo 11 — Fobia escolar: quando ir à escola vira um tormento

177   Capítulo 12 — Fobias específicas: quando o medo é desproporcional e incompreensível

193   Capítulo 13 — Transtorno de estresse pós--traumático (TEPT): o flashback do tormento

209   Capítulo 14 — Transtorno obsessivo-compulsivo (TOC): o planalto da ansiedade

225   Capítulo 15 — Tratamentos não medicamentosos essenciais para superar a ansiedade

241   Capítulo 16 — Como melhorar a ansiedade por meio da alimentação

255 Capítulo 17 — De onde vem tudo isso? As causas do medo e da ansiedade, e seus impactos na saúde

277 Capítulo 18 — É preciso saber viver

285 Bibliografia

Ao meu sobrinho Guilherme, que me ensinou que todo mundo tem medo e ansiedade, não importa a idade. Medo e ansiedade são "primos-irmãos" e sempre estarão juntos.

As palavras mal traçadas a seguir são para você, meu lindo! Nossas mãos estarão sempre entrelaçadas, nos dando coragem para enfrentar os desafios da vida.

Beijos com amor,

Tia Ana

Introdução

Este livro foge totalmente à metodologia que sempre pautou a maneira como escrevo. Em minhas obras não ficcionais anteriores, o processo de criação consistia no seguinte: durante alguns meses, eu relacionava todos os tópicos que gostaria de expor sobre um determinado tema do comportamento humano e, assim, montava o que chamo de "esqueleto" ou estrutura essencial do livro. Em pouco tempo, esse esqueleto passava por uma depuração e daí brotavam os capítulos necessários para expressar, de forma organizada e compreensível, tudo o que eu julgava importante. Foi assim que nasceram *Mentes inquietas*, *Mentes perigosas*, *Bullying: mentes perigosas nas escolas*, *Mentes consumistas*, *Mentes depressivas*, entre outros.

Alicerçada em um pouco de intuição e em muita observação dos anseios do público — por meio de interações nas redes sociais, e-mails, perguntas feitas em palestras e debates em livrarias pelo país afora —, resolvi mudar e inovar esse sistema para tratar sobre o assunto *ansiedade*. Esta obra surgiu dessa relação tão preciosa entre autor e leitor. Os capítulos foram moldados e estruturados a partir dos questionamentos e aprendizados surgidos dessas conexões reais ou virtuais.

Na realidade, escrever dessa forma foi uma maneira de fazer os leitores participarem e também de inverter a lógica do tempo na realização de meu trabalho. E isso não foi por acaso, já que o tempo tem tudo a ver com nosso estado de espírito, ou melhor, com os diversos estados de humor, tensão, ansiedade ou angústia. Iniciar a empreitada com fatos passados e vivenciados me fez perceber que todo esse processo pode ser bem menos ansioso, pois não precisei supor o que o público gostaria de saber — suposições que poderiam ser rejeitadas ou aprovadas apenas quando o livro estivesse nas mãos do leitor —, mas parti de desejos já declarados. Assim, compartilho um conhecimento que se fez em mão dupla: do leitor para o escritor e do escritor para o leitor. Sinto que isso é um amadurecimento construído de maneira coletiva, uma espécie de sabedoria de "pescar" momentos passados e eternizá-los no presente e, ao mesmo tempo, deixar o futuro para quando ele de fato chegar. Viver no presente com o aprendizado do passado, e não com a cabeça no futuro, talvez seja o jeito mais eficaz de ser inteiro e manter os níveis de ansiedade produtivos e necessários, sem que nos façam mal ou nos castiguem a ponto de tornar o cotidiano algo tão penoso.

Em *Mentes ansiosas: o medo e a ansiedade nossos de cada dia*, meu objetivo principal é iniciar uma descontraída conversa sobre as mais diversas formas nas quais a ansiedade pode se apresentar em nossa vida. Mas, antes disso, gostaria de adiantar um pouco todos os questionamentos que me fizeram nos últimos anos sobre esse tema tão humano e abrangente:

- Todo mundo sente ansiedade?
- Qual a diferença entre ansiedade e medo?
- Existe ansiedade normal?
- Quando a ansiedade vira doença?

- Estamos mais ansiosos?
- A ansiedade é coisa só dos tempos modernos?
- O tempo está passando mais rápido por conta da ansiedade?
- A ansiedade pode causar outras doenças?
- A insônia tem a ver com ansiedade?
- Por que a ansiedade ocorre nas relações afetivas e no trabalho?
- De onde vem a ansiedade?
- Como lidar com a ansiedade da solidão?
- A ansiedade e a timidez têm alguma coisa a ver uma com a outra?
- Qual a relação entre ansiedade, culpa e depressão?
- Ansiedade e compulsão são a mesma coisa?
- A ansiedade tem cura?

Eu poderia citar mais uma dezena de perguntas, mas isso só retardaria nosso bate-papo, no qual conversaremos de modo acessível e detalhado sobre a ansiedade nossa de cada dia e a eterna busca por dias com mais paz e esperança.

Aperte o cinto, sente-se confortavelmente na cadeira, que a viagem ao universo ansioso dos seres humanos vai começar. Tente relaxar, pois já posso lhe assegurar que o medo e a ansiedade não matam por si sós. É preciso um tempo considerável de ansiedade constante e elevada para que nosso organismo adoeça de modo irreversível. Mas, com conhecimento, vontade e disciplina nas doses certas, viver menos ansioso é absolutamente possível e muito gratificante.

Agora é sério: vamos decolar!

Os níveis elevados de ansiedade entre os adultos e especialmente entre as crianças e adolescentes nos levam à inevitável reflexão: onde estamos falhando?

1
ANSIEDADE DO SER

O medo e a ansiedade são faces da mesma moeda no complexo mecanismo de sobrevivência e autoproteção da espécie humana. Sentir medo e ansiedade, além de ser bastante normal, é algo previsto e necessário para nossa existência.

No entanto, existe um tipo de ansiedade que não está ligada a nossos instintos, mas tem origem nos valores culturais aos quais somos submetidos desde muito cedo. Esses valores variam em essência e intensidade, conforme a sociedade em que estamos inseridos. De modo geral, nosso pensamento e nossas ações sofrem grande influência do que se reconhece como adequado e produtivo para alcançar o sucesso em um determinado grupo social.

Nas sociedades em que a economia de mercado dita os valores dos indivíduos — e, diga-se de passagem, elas são a maioria em nossos tempos —, o senso comum prioriza o *ter* no momento de estabelecer suas regras e seus valores. Por essa razão, elas são também conhecidas como sociedades de consumo.

Em tais sociedades, notamos que desde muito cedo as crianças aprendem a expressar suas necessidades e seus sentimentos por meio de coisas materiais, sejam alimentos ou brinquedos. É muito comum observarmos os pequenos fazerem birras espetaculares para ganhar uma guloseima sem qualquer valor nutritivo ou um brinquedo que lhes dará prazer de forma intensa, porém fugaz e desnecessária.

Também é bastante frequente vermos os adultos bombardearem as crianças e os adolescentes com as famigeradas perguntas:

"O que você quer ser quando crescer?", "Quantos filhos você vai ter?", "Você quer ser famoso ou não?". Na maioria das vezes, os adultos fazem essas perguntas de forma automática, como se isso já fizesse parte de um protocolo social aceito e até desejável.

Agora, vamos parar e pensar: quem em sã consciência sabe responder a todos esses questionamentos em idade tão precoce? A resposta é evidente: ninguém.

Para falar a verdade, grande parte dos adultos ainda tem muitos questionamentos sobre o que quer para sua vida, ou melhor, sobre o que fez com ela. Isso é comum em uma sociedade pautada pelo *ter*, pela posse de coisas materiais, pelo egoísmo e pela falta de altruísmo social e afetivo.

Portanto, é fácil entender que crianças nascidas e criadas em sociedades materialistas desenvolvam níveis mais elevados de ansiedade. E boa parte dessa ansiedade é nutrida pelas expectativas culturais que os adultos lhes transmitem.

Os pais, imbuídos das melhores intenções "educacionais" e afetivas, julgam saber o que é melhor para seus filhos e se dispõem a recompensá-los — muitas vezes oferecendo presentes caros — por suas ações satisfatórias. Outros recompensam seus filhos independentemente de resultados, alegando que desejam que as crianças tenham tudo que eles não puderam ter. Em ambos os casos, tudo se resume ao *ter*. Poucos pais sabem realmente quem são seus filhos e, por isso mesmo, acabam por conduzi-los por caminhos tortuosos no que diz respeito à formação de sua verdadeira autoestima. A autoestima tem a ver com o *ser*, e não com o *ter*. Apenas o equilíbrio entre o *ser* e o *fazer* em um indivíduo possibilitará que ele tenha uma autoestima verdadeira e uma profissão ou ofício que de fato o faça feliz, seguro e produtivo.

De modo trágico, observamos em nossa sociedade um panorama bem diverso do que gostaríamos que existisse. Por um lado, os seres humanos nunca tiveram tanto acesso a bens materiais quanto hoje. Por outro, nunca houve tantas pessoas insatisfeitas, ansiosas e compulsivas por comida, compras, drogas, jogos, sexo, redes sociais, internet etc.

Os níveis elevados de ansiedade entre os adultos, e sobretudo entre as crianças e adolescentes, nos levam à inevitável reflexão: onde estamos falhando?

Parte dessas ideias já foi exposta em meu livro *Mentes consumistas*, mas como considero o aumento dos níveis de ansiedade que aflige o ser humano nos tempos atuais um tema muito relevante, gostaria de me aprofundar um pouco mais nele. A cultura consumista e individualista está tão enraizada em nosso comportamento diário que, na maioria das vezes, não percebemos o quanto vivemos sob a ditadura do *ter*. Nossa linguagem habitual é povoada de frases que demonstram claramente essa predominância do *ter* em relação ao *ser*: "Quanto custa?"; "Dinheiro compra tudo"; "O que o dinheiro não compra, ele manda buscar".[1]

O simples *ser* é desestimulado de todas as maneiras, pois não demanda consumo e muito menos gera lucro. Uma pessoa em paz com sua aparência, sua profissão, com seus afetos e valores éticos não necessita consumir de forma abusiva cosméticos, cirurgias plásticas, relações afetivas, carros, sexo, objetos de grife ou qualquer outra coisa para validar sua autoestima ou mesmo se mostrar importante para os demais.

Não é à toa que a sociedade atual recebe várias denominações, como: sociedade capitalista, de mercado, de consumo, das celebridades, do espetáculo, da informação e, ainda, da era tec-

---

1. Ana Beatriz Barbosa Silva. *Mentes consumistas: do consumismo à compulsão por compras*, p. 19.

nológica. Todas são objetivações que visam nos mostrar os aspectos mais importantes da cultura que rege e influencia todos os que vivem sob a ditadura do *ter* e do *parecer*. Não importa o que a pessoa é em sua essência; o fundamental é aquilo que ela tem ou aparenta ter. Apenas assim ela é alçada a um patamar de destaque em seu ambiente social.

No território virtual, esse fato pode ser constatado nas redes sociais, frequentadas por um número expressivo e crescente de pessoas que procuram estabelecer relações interpessoais das mais diversas naturezas. O que deveria ser um ambiente saudável de trocas afetivas, profissionais, familiares e de aprendizado vem se tornando um problema sério para grande parte de seus frequentadores. Trata-se dos "ansiosos ou compulsivos das redes". Eles gastam uma quantidade considerável de tempo (algo entre quatro a oito horas por dia) interagindo virtualmente. Além disso, apresentam pensamentos obsessivos relacionados ao que ocorre nas redes, necessidade de aumentar o tempo que permanecem conectados, incapacidade de se desligar, prejuízos evidentes em setores vitais como o social, afetivo, profissional ou recreativo. Descuidam-se, ainda, da saúde e de outras atividades cotidianas com o objetivo de dispor de mais tempo para navegar. Quando estão impossibilitados de acessar suas redes sociais, apresentam sinais visíveis de abstinência, como inquietação, irritabilidade e agressividade.

É importante destacar que os *on-line holics* (viciados em internet) costumam dormir menos horas que o necessário, em função do tempo que passam nas redes, bem como apresentam sono superficial ou fragmentado por manterem seus smartphones na cabeceira da cama ou mesmo sob o travesseiro.

Não podemos nos esquecer de que esses pequenos aparelhos possuem uma tecnologia avançada, bem superior à dos computadores da Nasa que levaram o homem à Lua em 1969. Como todo aparelho eletrônico de alta potência, um simples smartphone é capaz de gerar um campo magnético amplo e poderoso ao nosso redor. Dessa forma, ao dormir com um desses celulares por perto, ocorre uma sincronização entre o campo magnético de nosso cérebro e o do aparelho. Isso é responsável por tornar o sono superficial, além de fazer com que as pessoas que insistem em não se separar do celular acordem diversas vezes durante a noite, de maneira consciente ou não. A insônia e a má qualidade do sono provocados pelo uso abusivo de celulares e das redes sociais só agravam o estado físico e psíquico desses usuários. Por esse motivo, muitos deles acabam desenvolvendo um quadro depressivo desencadeado, em grande parte, pela exaustão causada por essa hiperconexão.

A epidemia das redes sociais só reproduz de forma mais explícita os valores que norteiam os indivíduos na sociedade real. Nessa espécie de vitrine social, muitos buscam seus minutos de "celebridade". E, nesse território, ser uma celebridade não significa ser reconhecido ou admirado por talentos genuínos, ou por ações altruístas ou relevantes para o coletivo. Para a maioria das pessoas, ser uma celebridade significa apenas ser vista, cobiçada e invejada. Parece incrível, mas é exatamente isto: tal como mercadorias desejáveis, muitas pessoas expõem lares, carros, viagens, roupas, bolsas, sapatos, familiares e conquistas com o intuito de mostrar, a um número incontável de pessoas (que jamais viram ou verão na vida), que são importantes, felizes e bem-sucedidas. Essa corrida por "curtidas" em sinal de aprovação poderia muito bem ser resumida como a ansiosa busca por importância e aprovação social em uma sociedade que pouco se importa com o que de fato as pessoas são ou sentem.

O objetivo dessas reflexões não é condenar ou pregar a extinção dos avanços tecnológicos alcançados pela espécie humana até os dias atuais. Elas visam apenas motivar as pessoas a encontrarem uma forma mais harmônica, salutar e produtiva de usufruir e vivenciar as coisas que de fato as fazem felizes, mesmo que tais experiências não gerem curtidas nem produzam um status especial diante dos valores sociais vigentes.

Talvez a releitura da atitude que temos diante dos rígidos e limitados padrões de felicidade e sucesso exaltados e preconizados em nossa cultura seja a grande sabedoria dos novos tempos. Podemos, sim, usufruir do conforto e do bem-estar que os avanços tecnológicos nos trouxeram, mas para isso temos que ter muita consciência, coragem e determinação. Consciência para buscarmos dentro de nós mesmos aquilo que temos de melhor, coragem para utilizar isso no exercício profissional diário e determinação para seguir essa caminhada até o fim, mesmo sem saber quando ou como ele acontecerá. Ser fiel à nossa essência sem necessidades materiais para validar nossa autoestima não elimina os medos e as ansiedades inerentes à vida, mas com certeza torna a caminhada menos dolorosa, e é uma ferramenta valiosa de conhecimento. Como se diz no Nordeste: "A vida é para o que se nasce". Que assim seja!

O amor nos tempos atuais guarda em si uma contradição filosófica que justifica e valida o tanto de estresse e ansiedade que ele mesmo é capaz de gerar.

2
AMORES EM TEMPOS ANSIOSOS: A ANSIEDADE NAS RELAÇÕES AFETIVAS

O poeta Fernando Pessoa já dizia: "Navegar é preciso, viver não é preciso".

Como seres sociais, estamos predestinados e até mesmo somos forçados a navegar em direção aos nossos semelhantes. De um jeito ou de outro, nossas embarcações mentais sempre percorrem ou ancoram em novos mares e oceanos; e nossas relações interpessoais também estão sujeitas a calmarias, tempestades, maremotos e até tsunamis.

Os estudos mais recentes no campo da neurociência confirmam o que as teorias antropológicas, evolutivas e psicológicas já apontavam: fomos programados para estabelecer relações conectivas com o outro, ou seja, nascemos para nos conectar, e essas conexões possuem o poder de "esculpir" nossas vivências e também nossa biologia cerebral. Nossas relações interpessoais mais íntimas e intensas são capazes de moldar nosso comportamento, bem como nosso equilíbrio bioquímico interno, o que inclui alterações hormonais e imunológicas que regem nossa homeostasia (equilíbrio) orgânica. É fundamental destacar que, nesse contexto, nossas relações afetivas interferem muito em nossas reações de estresse, medo e ansiedade.

Quando falamos de afeto, no mesmo instante pensamos no maior de todos eles: o amor. Considero o amor o instrumento capaz de conectar o que há de mais profundo entre um ser e outro. Essa ligação interpessoal e/ou coletiva, para mim, denomina-se amor verdadeiro. Sob essa ótica, o amor verdadeiro é um processo funcional em nossa vida, que está intrinsecamente relacionado aos movimentos de amadurecimento, transformação, transcendência, compartilhamento, aconchego e solidariedade. O amor verdadeiro guarda em si um caráter construtivo e, por ser assim, tem a capacidade de despertar o que há de melhor em nós e expandi-lo aos demais.[1]

Em outro extremo, existe o "falso amor ou amor possessivo", que priva a liberdade pessoal e provoca estresse, ansiedade e angústia, pois age por meio da manipulação, do controle, da humilhação e da violência verbal ou física. Trata-se de um sentimento disfuncional, que, a meu ver, não deveria receber a denominação de amor. No entanto, em nossa cultura, muitos denominam esse tipo de relação afetiva de amor, mesmo que esse título venha acompanhado de adjetivos pejorativos: amor venenoso, amor sofrido, amor atormentado, amor viciado, entre outros. Em nossa cultura musical, observamos esse tipo de amor expressado em letras de cunho dramático romântico, que alimentam esses sentimentos destrutivos e disfuncionais.

Não tenho nada contra músicas românticas ou de "fossa". Devemos, sim, ouvi-las e cantá-las, mas como recreação ou forma de catarse, sem considerá-las uma forma normal de vivenciar ou alimentar sentimentos que desencadeiam tanta dor, estresse e sofrimento, causando ansiedade e angústia.

As relações afetivas mais importantes e, por isso mesmo, com maior potencial de causar sofrimento são, por um lado, as de cunho afetivo e romântico; e, por outro, as de cunho familiar, sobretudo entre pais e filhos.

Começarei analisando o amor romântico.

---

1. Tema amplamente discutido no livro *Corações descontrolados: ciúmes, raiva e impulsividade — o jeito borderline de ser*.

O amor romântico

Para não nos perdermos em divagações filosóficas, poéticas, antropológicas e socioculturais, tentarei explicar o amor romântico em termos científicos. Deixo claro que essa escolha não menospreza ou invalida outras visões importantes sobre esse sentimento: trata-se de uma escolha de caráter didático, para tornar mais acessível um assunto tão complexo.

Os estudos mais recentes sobre o amor, no campo da neurociência, distinguem três grandes sistemas neurais no território cerebral: o do apego, o do cuidado e o do sexo.[2]

O apego nos leva a procurar pessoas com quem possamos contar em situações de perigo, aquelas que estariam prontas a nos socorrer quando precisássemos de ajuda. As pessoas às quais nos apegamos são aquelas de quem mais sentimos falta quando estão ausentes em nossa vida.

Por sua vez, o cuidado responde pelo impulso que temos de cuidar de alguém, em especial das pessoas com quem nos importamos mais e, por consequência, nos preocupamos. Para facilitar a distinção entre apego e cuidado, podemos dizer que o apego promove a união, funciona como a "cola" que une o casal, a família, os amigos e os demais afetos amorosos. Já o ato de cuidar visa suprir as necessidades dos que amamos.

O sexo, por outro lado, além de ser muito bom, é responsável pelo início de todo o processo amoroso interpessoal. Convém destacar que o sexo, por si só, não constitui uma relação afetivo-amorosa. No entanto, todos concordamos com o fato de que o sexo de qualidade propicia em muitos casos o de-

---

2. Goleman, Daniel. *Inteligência emocional*. 11. ed. Rio de Janeiro, Objetiva, 1997.

senvolvimento do apego e do cuidado entre os cônjuges ou parceiros amorosos.

Quando há apego, sentimento de cuidado e atração sexual, podemos afirmar que vivemos um romance completo. Esse estado de harmonia e completude foi chamado de amor romântico. O grande problema do amor romântico não é sua definição teórica, e sim sua prática cotidiana. Se considerarmos que os circuitos neurais subjacentes ao apego, cuidado e sexo são neurobiologicamente independentes e envolvem caminhos neurais e neurotransmissores diversos, entenderemos que é muito difícil que esses três aspectos aconteçam de modo simultâneo por longos períodos de tempo. Podemos ver bem isso quando nos deparamos com a *paixão*. O amor não é cego, mas a paixão sim. A paixão nos faz ver o que não existe e apaga de nossa visão o que sinaliza perigo ou "não perfeição". Quem já viveu uma paixão sabe disso, e não é por acaso que ela corresponde a um estado de equilíbrio orgânico intenso e, como tal, tem sua duração predeterminada pelo organismo. Nosso cérebro é tão perfeito na tarefa de nos manter vivos que o estado de paixão tem duração limitada, de poucos meses a até dois anos. Se não fosse assim, a paixão, em vez de nos proporcionar uma experiência rica, seria responsável por grandes padecimentos físicos e mentais.

A utopia do amor romântico, vendida pela indústria dos casamentos de contos de fada, tem se mostrado uma usina geradora de crises nas relações amorosas. Os indivíduos se casam repletos de expectativas criadas por esse mito: todos apostam na estabilidade, no aconchego, na perenidade. No entanto, esperam que tais ingredientes sejam acompanhados pelo tempero da paixão e da atração sexual.

Não podemos nos esquecer de que a maioria das pessoas se une quando está apaixonada. É nesse momento que todas as expectativas amorosas encontram-se exacerbadas, elevadas a uma potência grandiosa, fazendo da união uma equação que se mostra imprecisa e potencialmente desencantadora, estressante e causadora de doenças.

O amor, hoje em dia, guarda em si uma contradição filosófica que justifica o excesso de estresse e ansiedade que é capaz de gerar. Por um lado, o individualismo é a base filosófica do pós-modernismo e prega a satisfação pessoal como o grande objetivo a ser alcançado por cada indivíduo. Por outro lado, temos a industrialização do mito do amor romântico por meio de belas propagandas, livros, filmes, agências de encontros amorosos, aplicativos de relacionamentos e um suntuoso comércio que abarca as cerimônias sofisticadas de casamento. Diante desse panorama, todos se angustiam, pois se por um lado são estimulados a terem sonhos românticos e se sentem atraídos pelo canto inebriante do "foram felizes para sempre", por outro lado, em muitos casos, esses sonhos são frustrados pela realidade do individualismo.

As frustrações amorosas têm impactos expressivos na vida profissional das pessoas. Em minha observação clínica, percebo que os maiores desencadeadores de padecimentos mentais são os desgastes causados por relacionamentos afetivos estressantes e prejudiciais. O problema ganha maiores proporções quando essas situações ocorrem entre companheiros que têm relações afetivas e profissionais ao mesmo tempo. Por essa razão, muitas empresas não permitem que casais trabalhem juntos. Quando a aliança afetiva se estabelece durante a convivência profissional, um dos dois tem que se desligar da corporação. À primeira vista, essa posição pode parecer extremista e pouco empática. No entanto, na prática, os conflitos afetivos no ambiente de trabalho podem trazer consequências pessoais e coletivas bem difíceis de ser contornadas.

O trabalho e a vida afetiva são os dois sustentáculos do indivíduo moderno; quando um deles falha, os níveis de estresse tendem a se elevar e, dependendo da duração e da intensidade, essa situação pode levar ao adoecimento mental ou físico. E a maioria desses quadros clínicos compreende níveis elevados e disfuncionais de ansiedade, estados depressivos, infecções de repetição, doenças autoimunes e alterações cardiovasculares e gastrintestinais.

Compreendo como é difícil, em nossa época, amar de forma genuína e saudável, mas acredito de fato que o amor verdadeiro pode ser alcançado a qualquer momento. Mesmo de forma utópica, o amor romântico continua a ser um dos maiores desejos do ser humano. Isso é uma inquestionável evidência de que a maioria absoluta de nós não está disposta a abrir mão de um sonho amoroso. E não podemos nos esquecer de que a conexão com o outro está escrita em nossos genes. O amor não pode ser visto como um fim em si, mas como nosso destino.

O que está em jogo não é a desconstrução do amor, e sim sua reinvenção e ressignificação. Precisamos entender que as relações de amor podem e devem ser duradouras. Para isso, o amor precisa ser trabalhado e cuidado. Não deve ser visto como uma obrigação enfadonha, mas como um processo constante que se ajusta às transformações que o mundo e as circunstâncias da vida nos impõem. Para isso, o primeiro passo é compreender que amadurecer implica abrir mão de expectativas falsas e infantis, é fazer o que pode e deve ser feito, sem nos distanciar de nossa essência.

Para que o amor sobreviva e siga seu destino transformador, devemos exercê-lo sobre alicerces reais de amizade, companheirismo e cumplicidade. O amor verdadeiro é aquele que nos conecta com o outro e com o social, é o que há de melhor em nós em cada etapa de nossa existência. Apenas o amor vivenciado dessa forma irá contribuir para nosso equilíbrio físico e mental, pois ele se torna solo fértil e seguro para a caminhada da vida, sempre repleta de riscos e imprevisibilidades. Se você me perguntar se é inviável atingir ou manter esse tipo de amor, responderei: "Não!". Difícil? Sim, mas absolutamente possível.

O amor entre pais e filhos

Há alguns anos, estava na moda um adesivo que dizia o seguinte: "Quer experimentar a vida selvagem? Tenha filhos". Confesso que, a primeira vez que vi um deles no vidro de um carro, fui tomada por certo incômodo. No entanto, a frase vinha acompanhada de uma gravura bem divertida de um casal que corria desesperado atrás de três crianças com idades muito próximas. Passados alguns segundos de interpretação preconceituosa, logo me pus a rir ao perceber que no carro havia uma mãe e três crianças no banco traseiro que gritavam e disputavam o espaço com um labrador enorme e brincalhão. A mãe tentava, olhando ora para o semáforo, ora para o espelho retrovisor, administrar também aos gritos o caos que seus quatro anjos criavam dentro do automóvel. Entendi muito bem o conteúdo dos adesivos que tomaram conta das peruas, minivans e SUVs de pais felizes e cientes das peripécias de seus adoráveis filhotes. Ser bons pais é tarefa difícil, como eles mesmos costumam dizer: "O problema é que os filhos não vêm com manual de uso e conservação". Claro que essa frase é bem mais típica dos homens. As mulheres costumam justificar seus excessos maternos com afirmações como "Podem falar o que quiserem, mas eu sou mãe e sei exatamente o que é melhor para meu filho. Intuição de mãe não falha".

Entre frases, adesivos e brincadeiras típicas, pais e mães vão descobrindo com o tempo que criar seus rebentos é uma missão que requer muito amor, dedicação e um tanto de coragem para fazer o que deve ser feito. O problema é que o vínculo afetivo entre pais e filhos na maioria das vezes os impede de ver e agir da maneira correta.

Filhos sempre provocarão em seus pais algum nível de estresse e ansiedade. Isso é absolutamente normal e até saudável. Afinal, é essa ansiedade que torna homens e mulheres capazes de aconchegar, proteger e cuidar de seus pequenos. A ausência total de ansiedade por parte dos pais pode expressar certa indiferença afetiva que, de forma imprevisível, será responsável por níveis variados de disfunções afetivas nos futuros adolescentes e adultos. Sim, crianças crescem e, para desespero dos pais, isso costuma ocorrer num piscar de olhos.

No que tange à ansiedade, os futuros pais vivem o estresse pré-nascimento quando se dedicam mês a mês a avaliar os avanços da gestação ou a pensar nas necessidades materiais que seus bebês terão logo nos primeiros dias de vida. Após o nascimento, vem a ansiedade típica: "Será que darei conta de cuidar de um bebê tão frágil e necessitado de tantos cuidados essenciais para sua sobrevivência?". Não é por outra razão que uma parcela significativa das mães, especialmente as de "primeira viagem", tem pensamentos negativos sobre seu desempenho materno e chora com facilidade nos primeiros dias pós-parto. O bom é que essa nuvem *baby blues*[3] costuma se dissipar em quinze ou vinte dias.

Depois vem a ansiedade dos primeiros anos de vida: "Será que o filhote está se desenvolvendo a contento? Será que vai andar e falar no período certo? E a alfabetização, como ele irá aprender tanta coisa?". E então chega a adolescência e novas expectativas acionam outras ansiedades: "Como ele irá se relacionar com os

---

3. Expressão utilizada para se referir a sintomas que muitas mulheres apresentam no pós-parto. Trato desse assunto de maneira mais detalhada no livro *Mentes depressivas: as três dimensões da doença do século*.

grupos de amigos? Será rejeitado?", "Conseguirá ter sua primeira ou primeiro namorado sem grandes sofrimentos?", "Saberá escolher a profissão certa?", "Será feliz no trabalho, no casamento?". Os pais vivem antecipando o futuro de seus filhos e isso, por si só, já é um grande gerador de ansiedade.

O maior problema entre pais e filhos é que os primeiros se esquecem de que também foram filhos e os segundos não imaginam que poderão ser pais em um futuro não tão distante. Pais vivem de expectativas futuras sobre seus filhos, enquanto eles querem viver o aqui e o agora, de preferência com intensidade. Nesse descompasso de pensamentos, sentimentos e emoções, muitos pais se perdem em meio a expectativas e frustrações e acabam por vivenciar seus papéis de forma disfuncional e prejudicial para eles mesmos e também para os filhos. Muitos pais desenvolvem transtornos de ansiedade, em especial o transtorno de ansiedade generalizada, e algumas vezes até o transtorno do pânico quando seus filhos apresentam comportamentos que fogem totalmente ao seu controle e que consideram negativos ou catastróficos.

A grande questão do caráter debilitante da ansiedade excessiva nas relações afetivas entre pais e filhos é que as duas partes se amam, mas cada uma de acordo com seu ponto de vista. E ambos os lados se esquecem de que na vida tudo tem seu tempo: semear, crescer, colher, experimentar, refletir, chorar, aprender, refazer, errar, acertar, cair, levantar, agir, esperar. E é nessa ciranda que amadurecemos e acabamos por perceber que a lida do viver é repleta de tempos e acontecimentos, e que nosso controle sobre eles é bastante limitado. No entanto, a beleza de fazer parte dessa dança vital está justamente na possibilidade de andar na corda bamba com o coração alegre, a alma em paz e a consciência tranquila de quem dá o seu melhor a cada passo trêmulo dessa caminhada que nunca tem fim.

Dormir mal ou de forma insuficiente gera uma sobrecarga para o nosso sistema, o que, naturalmente, se traduz em estresse.

3
A ANSIEDADE DOS INSONES:
O QUE FAZER PARA MELHORAR O SONO

É importante destinar um capítulo deste livro para abordar a relação entre o sono e a ansiedade, já que o sono é um fator fundamental para nosso equilíbrio interno e, portanto, para nossa saúde física e mental. Ele representa um dos principais alicerces do corpo, ao lado da alimentação, da hidratação e da eliminação de resíduos. O sono é um mecanismo fisiológico importante para nosso ritmo biológico e para o descanso de nossa mente e de nosso corpo. Sem um sono de qualidade, qualquer indivíduo mais cedo ou mais tarde irá literalmente pifar.

Gosto de imaginar que, quando dormimos, é como se nos conectássemos a uma tomada e recarregássemos nossa "bateria interna". Acredito que a maioria compartilha dessa impressão sobre uma boa noite de sono, em especial quando dormimos após um dia cansativo. De fato, o sono oferece repouso tanto para a mente como para o corpo. E é importante que certos aspectos funcionais sejam preservados para que essa "recarga" noturna ocorra de modo completo, a fim de que, ao amanhecer, iniciemos o dia com 100% de nossa capacidade. Quando começamos o dia com as energias reduzidas, podemos sentir a diferença em nosso desempenho mental e físico.

Dessa maneira, dormir mal ou de forma insuficiente gera uma sobrecarga para nosso sistema, o que se traduz em estresse. E este, quando se apresenta de forma contínua, tem o efeito de déficit acumulativo sobre nosso organismo, podendo ao longo do tempo desregular mecanismos internos que induzem o sono e a vigília, e afetar a liberação de diversas substâncias importantes para o funcionamento adequado do corpo. Em indivíduos que sofrem de algum transtorno de ansiedade, o consumo dessa bateria interna é mais rápido. E, muitas vezes, mesmo com a bateria baixa no final do dia, eles não conseguem se desligar para se reabastecer com o descanso noturno. Além do cansaço, para o ansioso uma noite maldormida só exacerba a própria ansiedade.

Como a ansiedade pode tirar nosso sono?

Nosso cérebro está em contato o tempo todo com diversos órgãos, e estes se comunicam entre si. Muitas vezes, o cérebro não responde da forma como gostaríamos. Tal como o pulmão, que pode funcionar tanto de modo automático quanto com nosso comando, o sistema nervoso central tem vontades próprias, que podem não corresponder ao que realmente queremos; isso significa que temos um controle parcial sobre ele.

O sono é um bom exemplo de como não temos domínio total sobre o cérebro. Quantas vezes estamos exaustos, loucos para dormir, com os olhos pesados e o sono não vem? O cérebro se mantém em alerta e não se desliga de modo algum. Mandamos o comando mil vezes, pedindo-lhe que se desconecte para que possamos dormir, e nada. Isso pode ocorrer por vários motivos, mas a ansiedade é uma das grandes responsáveis por dificultar a indução do sono, bem como a sua manutenção.

A insônia inicial, média (no meio do sono) e terminal (no final do sono), e também outras alterações como sono leve, sono fragmentado por despertares conscientes ou inconscientes, sonhos agitados, pesadelos e terror noturno pioram a qualidade do sono e podem significar altos índices de ansiedade, medo ou estresse.

Pessoas com níveis elevados de ansiedade dormem em estado de alerta. Um bom exemplo de como esse estado pode interferir em nosso sono, inclusive de modo positivo, é a mulher que se tornou mãe recentemente. Mesmo dormindo, ela se mantém em estado de alerta, com os ouvidos antenados, como se fossem supersônicos, para estar de prontidão a qualquer ruído emitido pelo filho. Não é à toa que as mães, nos primeiros dois anos de vida de seus filhos, sentem-se cansadas e sonolentas com muita frequência, e se queixam de que a qualidade do sono nunca mais foi a mesma desde o nascimento da criança.

Assim, pessoas com altos níveis de ansiedade e medo dormem um sono superficial, com despertares e microdespertares frequentes, além de muitas vezes terem dificuldade de adormecer por não conseguirem relaxar ou por serem bombardeadas por uma chuva de pensamentos.

Os ansiosos também costumam despertar no meio da noite, bem como acordar muito cedo e não conseguir mais voltar a dormir. Quase sempre têm medo de perder a hora ou de não ouvir o relógio, como também sofrem de ansiedade antecipatória de qualquer evento, sobretudo pela manhã.

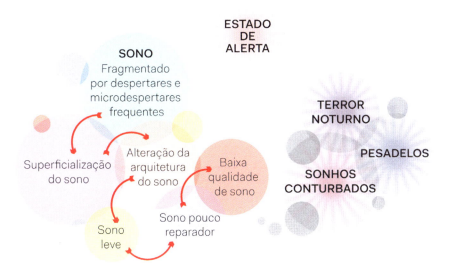

Figura 1. Elaborada por dra. Ana Beatriz Barbosa Silva e dra. Lya Ximenez.

O que posso fazer para que meu sono melhore?

Uma forma de fazer com que o sono dos ansiosos tenha melhor qualidade é implementar medidas que chamamos de Higiene do Sono, ou seja, estratégias que visam otimizar mecanismos internos para orientar o organismo sobre o momento de dormir e despertar. Como o próprio nome diz, trata-se de recomendações para "limpar" fatores que podem interferir no sono. A seguir, listo algumas dessas medidas. Para facilitar a explicação e o entendimento do leitor, categorizei a tabela em dicas de rotina, ambiente e conforto, alimentação, e para a mente e o corpo:

	FATORES QUE INFLUENCIAM O SONO	
	Ajudam (+)	**Atrapalham (–)**
ROTINA	Regularidade nos horários de dormir e acordar	Irregularidade nos horários de dormir e acordar
	Ir dormir até as 23h[*]	Dormir após as 24h
	Dormir no máximo dez horas[*]	Dormir mais de dez horas ou menos de seis horas[*]
	Dormir somente à noite[*]	Cochilar durante a tarde[*]
	Regularidade nos horários de atividade física e alimentação	Rotina irregular
AMBIENTE E CONFORTO	Acordar com luminosidade	Dormir com luminosidade (dormir muito cedo ou acordar tarde)
	Evitar luzes acesas dentro de seu quarto[*]	Muita luminosidade e barulho
	Usar o quarto e a cama somente para dormir	Utilizar a cama para trabalhar, assistir à TV, navegar na internet ou usar o celular

AMBIENTE E CONFORTO	Colchão e travesseiros adequados	Dormir em posição inadequada, favorecendo dores musculares, lombares e cervicais
	Temperatura adequada, entre 20-22°C*	Ambientes muito quentes ou muito frios dificultam um sono confortável; presença de mosquitos ou insetos também pode causar despertares frequentes
ALIMENTAÇÃO	Consumir alimentos que promovem o relaxamento, como chá de camomila e erva-cidreira, suco de maracujá etc.	Alimentos estimulantes após as 16h, como café, chá-mate, chá verde, chá preto, coca-cola, guaraná, ginseng, pimenta, açúcar refinado etc.
	Alimentação de rápida digestão	Alimentação de difícil digestão, como alimentos gordurosos, carne, queijos ou mesmo dormir em jejum
	Hidratar-se adequadamente durante o dia	Consumir muito líquido após as 20h
MENTE	Evitar levar seus problemas para a cama	Dormir com celular na cabeceira
	Estímulos relaxantes como ler, ouvir músicas calmas, aromaterapia com essências relaxantes	Estímulos excitantes antes de dormir, como ver filmes de violência, terror, tragédia, ouvir músicas agitadas e pesadas
	Utilizar luz amarela à noite e aplicativos no tablet ou celular que mudem a cor da luz da tela no período noturno	Luminosidade branca à noite
CORPO	Deitar só para dormir	Ficar deitado sem a intenção de dormir
	Tomar banho morno	Dormir sentindo-se fisicamente desagradável
	Fazer atividades físicas que promovam o relaxamento como ioga, tai chi chuan, alongamento etc.	Atividades físicas extenuantes após as 16h*

* Variável de pessoa para pessoa.

Há diversas maneiras de melhorar o sono, mas é evidente que existem variabilidades pessoais importantes em relação às características do sono que devem ser pesquisadas e consideradas. Dessa forma, as estratégias aqui recomendadas não são universais, pois algo que é estressante para um indivíduo pode ser curiosamente relaxante para outro. Um bom exemplo disso são pessoas que têm medo do escuro ou sentem-se desconfortáveis na escuridão, e consequentemente seu estado de alerta aumenta, em vez de diminuir. São aquelas pessoas que não conseguem dormir sem a televisão ligada ou sem algum tipo de luminosidade de referência. Apesar disso, de maneira geral, as estratégias listadas anteriormente são baseadas em como o organismo da maioria de nós funciona.

Rotina

A rotina nada mais é do que tudo aquilo que se repete por um período mínimo e que, no caso de nosso corpo, acaba por ditar um ritmo biológico interno. Podemos observar de forma bem evidente essas predisposições de nosso organismo quando estabelecemos horários fixos, por exemplo, os horários das refeições.

Pessoas que fazem o desjejum, almoçam e jantam em horários específicos percebem o início da fome um pouco antes do horário, e se por algum motivo necessitarem pular alguma refeição, muitas vezes são acometidas por um mal-estar devido à ausência daquela refeição. Isso ocorre porque se estabeleceu um ritmo interno fisiológico. Nesse caso, nosso sistema digestivo se prepara para aquele evento e produz uma série de substâncias e hormônios, como se estivesse esperando a entrada dos alimentos, mesmo que isso não aconteça.

Em relação ao sono, ocorre um fenômeno semelhante: sentimo-nos sonolentos e despertos nos horários habituais, independentemente do número de horas dormidas. Chamamos isso de relógio biológico ou interno, que é criado e reforçado com nossa rotina de afazeres. A partir desse conceito, podemos então perceber a importância de certos aspectos da higiene do sono e de estabelecer horários fixos para se deitar e acordar, comer e realizar atividades físicas.

Indivíduos que sofrem de ansiedade e insônia com frequência não têm horários fixos para os afazeres diários, o que confunde seu relógio interno.

Ao mesmo tempo, devemos reconhecer que somos seres "solares", ou seja, nosso dia é estabelecido pelo amanhecer e pelo pôr do sol, assim como as estações do ano são marcadas pela rotação e translação da Terra, influenciando a natureza e a temperatura do planeta. Entre os animais, incluindo os humanos, funcionalmente esse estímulo é traduzido para nosso organismo por órgãos fotossensíveis como os olhos e a pele. Assim, quando entardece, a redução gradativa da luminosidade é percebida por uma glândula cerebral denominada pineal, cuja função é secretar a melatonina, um hormônio e neurotransmissor responsável por sinalizar ao nosso corpo que o dia está acabando e a noite, começando. Essa substância é um indutor natural do sono e pessoas que vão dormir muito tarde, após as 23h, deixam de receber a ajuda desse indutor interno do sono, que é excretado até por volta da meia-noite.

O tempo de sono e o cochilo diurno descritos na tabela dizem respeito à maioria das pessoas, porém deve-se reconhecer que muitos indivíduos estão fora dessa curva, necessitando de mais de dez ou menos de seis horas de sono. Esse padrão não é unânime e também pode apresentar variações próprias no decorrer da vida, como no envelhecimento e em mudanças sazonais. Por mais que um indivíduo ansioso ache que não precisa dormir muito, é necessário sempre ter cuidado para não sobrecarregar o sistema.

Já o cochilo diurno, chamado de *siesta* em espanhol, é uma prática comum em algumas regiões e culturas. Mas ele deve ser evitado por aqueles que têm insônia noturna e não apresentam sonolência excessiva diurna após as refeições.

Não dormir de forma apropriada é um dos agravantes da ansiedade, sendo necessário regularizar o sono para seu tratamento adequado. Os transtornos ansiosos podem mudar nossos padrões fisiológicos internos e causar insônia; deve-se fazer um tratamento adequado e, muitas vezes, com medicações, para que não haja agravamento do quadro geral.

Ambiente e conforto

Como vimos, não devemos menosprezar a influência e a importância da luminosidade do sol, que é essencial para nossa saúde, bem como a diminuição da luminosidade, sobretudo a da luz branca, para que haja mudanças biológicas internas que levem a um sono de qualidade. Com o advento da eletricidade e o aumento da luminosidade noturna, começou-se a questionar o efeito desse fator sobre nosso ritmo circadiano interno.[1] A utilização de lâmpadas amarelas para iluminação noturna interna, assim como o uso de aplicativos que utilizam um filtro azul ou modificam a cor da luz da tela de tablets e celulares, são medidas para tentar minimizar fatores que possam confundir nosso "interruptor interno", que interpreta se é dia ou noite.

---

1. Ciclo circadiano é o período de 24 horas sobre o qual se baseia nosso ciclo biológico.

É importante evitar o efeito da luminosidade no ambiente em que dormimos. Em alguns casos é até indicado tapar com fita escura quaisquer luzes que estejam acesas, inclusive as do painel de televisões, roteadores e ares-condicionados. Da mesma forma, é importante ter contato com a luminosidade do dia quando acordamos, para sinalizar ao nosso corpo que já amanheceu e é hora de levantar. Acordar e abrir as cortinas é uma boa forma de iniciar o dia.

Além da luz solar, o posicionamento de nosso corpo também é um sinalizador interno; é como se o corpo dissesse: "Estou deitado. É hora de dormir!". Por isso, não se recomenda fazer tarefas ou ficar muito tempo deitado, como também usar a cama com outro propósito que não seja dormir. Tanto a privação quanto o excesso de sono podem ser prejudiciais, tudo que é bom deve ser feito na dose certa. Saber quantas horas de sono são necessárias para seu descanso é algo que o próprio corpo vai nos dizer. Assim, cochilos na parte da tarde podem ser ruins para alguns e necessários para outros. Para aqueles que sofrem de insônia, não se recomenda dormir fora de hora.

Ter seu ambiente de descanso limpo, confortável e adequado para suas necessidades é fundamental para uma noite de repouso tranquila e reparadora. O colchão deve ser confortável e adequado para você, não pode ser muito macio ou duro, e deve ser trocado em média de cinco em cinco anos, por causa das deformidades que surgem com o passar do tempo. Os travesseiros devem ser igualmente confortáveis e adequados para que a coluna fique alinhada. Caso a pessoa prefira dormir de lado (em decúbito lateral), recomenda-se colocar um travesseiro entre as pernas para melhorar o alinhamento. Indivíduos que sofrem de ansiedade frequentemente apresentam problemas de dores musculares crônicas ou de coluna, e devem buscar um fisioterapeuta ou ortopedista para uma avaliação e um tratamento individualizado.

Alimentação

As recomendações sobre alimentação basicamente se resumem a evitar o consumo de substâncias estimulantes após as 16h. Alimentos e chás que promovem o relaxamento podem ser úteis em casos leves de insônia.

Alimentos difíceis de ser digeridos à noite, como queijos e carnes gordurosas, devem ser evitados, pois durante o sono há uma redução geral de nosso metabolismo corpóreo, o que dificulta a digestão e interfere na qualidade do sono. Aqueles que já acordam durante a noite com facilidade devem se poupar desse tipo de alimento. Também não devem dormir em jejum, pois a fome é um fator que favorece o despertar noturno. Outra dica, para aqueles que acordam muito para urinar, é reduzir a ingestão de água a partir das 20h.

Mente e corpo

Nosso alimento vai muito além daquilo que ingerimos. Nosso corpo se "nutre" de estímulos o tempo todo, que se refletem em respostas e adaptações internas. Dessa maneira, determinado som, um carinho, certa imagem ou um cheiro geram impulsos sensoriais que abastecem nosso corpo e cérebro com estímulos que podem trazer efeitos relaxantes ou estressantes.

Seguindo esse raciocínio, podemos entender como os estímulos sensoriais, em especial os que ocorrem no período vespertino e noturno, podem influenciar na qualidade do sono e dos sonhos. Aqueles que já estão com o sistema em alerta, a mil por hora, devem evitar imagens ou músicas e ruídos que estimulem esse estado, como filmes de guerra, músicas agitadas, notícias sobre violência etc.

Engajar-se em atividades relaxantes com estímulos suaves e agradáveis no final do dia e à noite pode ajudar aqueles que não conseguem se desligar. Evitar dormir com o celular na cabeceira e tomar um banho relaxante antes de dormir diminuem os estímulos excitantes e garantem um sono mais tranquilo. Procure usar a cama só com a finalidade de dormir, isso é importante para que seu corpo associe aquele lugar a essa função.

Atividades físicas são muito individuais: para alguns são excitantes e para outros, relaxantes. Assim, não há regra sobre essa recomendação, porém para alguns pode dificultar o início do sono.

Como vimos, alterações no sono são comuns entre pessoas ansiosas e, quando presentes e não tratadas de forma adequada, representam um fator agravante. A higiene do sono é a primeira mudança a se fazer quando se tem dificuldade de dormir. E isso serve não apenas para pessoas que sofrem de transtorno de ansiedade, mas para todos que apresentam alguma dificuldade no sono.

Super-humanos não existem e nunca existirão, pois se um dia chegarmos a não sentir medo ou ansiedade, teremos deixado de ser humanos na mais fiel acepção da palavra.

4
DE SUPER-HUMANOS A SUPERADOECIDOS: QUANDO A ANSIEDADE LIGA DOENÇAS

Todo dia é a mesma batalha. Samanta acorda às 5h30, prepara o café dos dois filhos e do marido, e dá comida a Bob, o golden retriever da família. Às 6h acorda os três, corre para o banho e veste o traje de ginástica. Troca a roupa das crianças, pega as mochilas e lancheiras e vai para o carro. No trajeto até a escola, tenta saber um pouco mais sobre a vida de Lucas, 6 anos, e Matheus, 10 anos. Eles cantam, brigam e reclamam de sono e da falta de tempo para brincar. Samanta estaciona o carro em frente à escola, ajuda os meninos a descerem, confere se estão com o material escolar e, com um beijo na testa de cada um, fala a frase com a qual sempre se despede: "Um dia iluminado pra vocês. E qualquer coisa, peça ajuda aos seus anjos da guarda, pois vocês são dois anjinhos do céu!".

Os meninos riem e entram resmungando na escola, o inspetor os recebe com carinho e ela retribui com um aceno simpático de despedida. Corre para a academia, faz sua aula de treino funcional, das 8h às 9h. Termina a aula, toma banho, troca de roupa, seca o cabelo e sai da academia pronta para o segundo round do dia: o trabalho no escritório de advocacia. Sua mesa está repleta de processos urgentes, ela atende telefonemas de clientes irritados, pesquisa no computador sobre jurisprudências que possam pautar suas defesas, responde a e-mails de seus superiores, auxilia seus estagiários, tenta ouvir com empatia as queixas de uma das secretárias do escritório cujo marido está internado no CTI…

Quando se dá conta, já passam das 14h e Samanta sente dor de cabeça e uma leve tontura. Pede à secretária que providencie um sanduíche integral e um suco de abacaxi com hortelã e clorofila. Come entre papéis e checagens de mensagens do WhatsApp e de suas redes sociais. De repente, lembra-se que é aniversário da irmã e encomenda orquídeas para ela com entrega expressa. Tenta sair às 16h para pegar Lucas e Matheus no colégio, mas não consegue. Então, telefona para a empregada para saber se ela pode pegá-los, mas descobre que ela saiu mais cedo. Por alguns minutos, sente uma forte ansiedade e angústia: "O que fazer com os meninos?". Lembra-se de um taxista muito responsável que quebra seus "galhos" com os compromissos das crianças. Liga afoita e pergunta se ele pode pegar os meninos e deixá-los na casa de sua mãe. Respira aliviada com a resposta positiva. Às 19h, percebe que não está mais conseguindo produzir nada e vai embora do trabalho com pelo menos as urgências principais sanadas. Ufa! Passa na casa da mãe, pega as crianças, chega em casa, divide uma pizza com o marido e os pequenos. Leva comida para Bob e brinca um pouco com ele. Coloca as crianças no banho e na cama, e por volta das 23h30 vai se deitar. Lê um pouco na companhia do marido, se aconchega e, sem se dar conta, adormece... É acordada pelo despertador às 5h30. Pede coragem aos seus anjos da guarda e levanta de um pulo só! Mais um dia pela frente. Ao escovar os dentes, olha-se no espelho e pergunta a si mesma: "Até quando vou conseguir manter esse ritmo? Estou exausta de tudo e todos...".

A rotina de Samanta é a mesma de milhares de mulheres ao redor do mundo, para muitas a barra ainda é bem mais pesada, em especial aquelas que não dividem com parceiros ou parentes o cuidado e a educação dos filhos. Dia após dia, mais e mais mulheres adoecem devido ao excesso de estresse e ansiedade.

Apesar de essa realidade não se restringir apenas às mulheres e atingir também um considerável número de homens — que enfrentam muitos desafios diários, sobretudo em seu ambiente de trabalho —, os números constatam, no entanto, que as mulheres ainda são vitimadas duas vezes mais que seus pares quando o assunto é ansiedade exacerbada e as doenças decorrentes dela.

Super-homens, supersoldados

Não há dúvida de que a ansiedade e suas consequências debilitantes se mostram mais visíveis no sexo feminino, e isso vem ocorrendo com mais frequência a partir da metade do século passado até os dias atuais. Foi nesse período que as mulheres começaram a ganhar espaço nos movimentos sociais e no mercado de trabalho. Elas foram pouco a pouco vencendo barreiras e mostrando que são tão capazes e produtivas na selva profissional quanto seus pares masculinos. Ainda enfrentam muitos preconceitos, mas vêm ocupando espaço nas mais diversas áreas profissionais. No entanto, as mulheres passaram a acumular uma série de tarefas, o que aumentou em muito suas taxas de estresse e ansiedade. Muitas mulheres modernas têm como tarefas básicas: ser profissional competente, esposa, mãe, boa amiga, fiel escudeira da família, gerenciar o lar, cuidar da educação dos filhos e ainda se cuidar — e isso inclui fazer atividades físicas e uma série de tratamentos estéticos que lhes confira uma aparência sempre jovem. Ufa!

Do lado masculino, os pesos existenciais também estão presentes. No entanto, eles tendem a ser mais focados no desempenho profissional, que, na maioria das vezes, é seu cartão de visitas para o mundo social e até afetivo. Essa relação entre desempenho profissional masculino e status social se evidencia em vários momentos da história da humanidade, mas nada é mais elucidativo do que o tratamento dado aos soldados em tempos de guerra. Os combatentes mais valorizados sempre foram aqueles que mostravam melhores desempenhos sob pressão; dessa forma, os soldados condecorados por bravura sempre foram os que conseguiram eliminar mais inimigos com o menor índice de adoecimento no fronte. O Pentágono[1] desenvolve projetos com o objetivo de abolir o medo e a ansiedade nos campos de guerra. E pesquisadores da Universidade Johns Hopkins criaram um sistema capaz de monitorar os níveis de estresse das tropas em tempo real, por meio da dosagem dos níveis séricos de cortisol. O objetivo desse monitoramento é afastar do combate os soldados com altos níveis de estresse e, dessa forma, impedir que haja falhas no desempenho das tropas, como foi tão bem abordado por Scott Stossel no livro *Meus tempos de ansiedade*.[2]

É claro que a busca dos supersoldados sonhada pelas Forças Armadas americanas e por tantos outros países não passa de uma utopia distorcida por valores sociais que privilegiam "coisas" e "resultados" e se esquecem de nossa condição de seres humanos. Não é por outra razão que, em todas as guerras, uma parcela significativa de combatentes retorna para seu país com quadros clínicos compatíveis com transtornos ansiosos e depressivos graves e incapacitantes, mesmo que seja por um período determinado de tempo. Mas tenho certeza de que todos guardam em sua mente profundas cicatrizes pelas desumanidades que foram obrigados a cometer e presenciar.

---

1. Sede do Departamento de Defesa dos Estados Unidos.
2. Scott Stossel. *Meus tempos de ansiedade: medo, esperança, terror e busca de paz de espírito*, pp. 183-7.

Ouso ir mais além em minhas conclusões: eu não confiaria em um soldado que tivesse ido à guerra e retornado sem vestígio algum de cicatrizes mentais. Afinal, a reação fisiológica de medo e ansiedade apresentada por esses homens em campo de combate é o mais genuíno reflexo da sensibilidade humana em uma situação de intensa gravidade existencial. Pessoas que não apresentam nenhuma reação ou sofrimento emocional diante de tais acontecimentos são aquelas com personalidade psicopática. E, como sabemos, essas pessoas são incapazes de amar, ter empatia pelo outro, sofrer ou se arrepender. Elas simplesmente não se importam com os demais, e as que são mais frias e cruéis chegam até mesmo a sentir certo prazer diante de panoramas tão hostis como as guerras.

Deixando de lado situações extremas como as guerras, em que os indivíduos são submetidos a limites inimagináveis, e tentando entender o alto nível de adoecimento no campo profissional, percebo que uma parcela significativa da população trabalhadora começa a se comportar no ambiente de trabalho como se estivesse em um campo de guerra.

A Associação Americana de Ansiedade e Depressão, por intermédio de diversos estudos realizados entre 1957 e 1995, constatou que cerca de 50% da população americana queixava-se de ansiedade persistente na vida profissional. A epidemia de ansiedade cotidiana não se restringe ao ambiente de trabalho propriamente dito, pois observou-se também que os estudantes universitários e os do ensino médio revelavam-se bem mais ansiosos do que seus pares da década de 1950. Segundo Jean Twenge, professora de psicologia da Universidade de San Diego, os estudantes universitários da década de 1990 eram mais ansiosos do que 85% dos estudantes da década de 1950, e os secundaristas dos anos 1980 relatavam níveis mais elevados de ansiedade do que os pacientes psiquiátricos infantis da década de 1950.[3]

Esses dados nos levam a inevitáveis reflexões: "O que está havendo com nossa profissão?"; "Por que nosso trabalho gera tanta ansiedade?"; "Será que é impossível sermos bons profissionais sem tanto estresse?".

Entendendo esse processo

Nas últimas três décadas, vivemos a era do esplendor da economia globalizada de mercado, e seus princípios e valores passaram a pautar nossa vida como jamais ocorrera antes. Após o término da Guerra Fria, as políticas econômicas e suas ideologias passaram a ser reguladas pela economia de mercado. E é fácil entender o motivo: nunca um mecanismo de produção e distribuição de bens e consumo tinha se mostrado tão eficaz na geração de prosperidade. Por essa razão, um número cada vez maior de países adotou os princípios de economia de mercado.[4]

O grande problema gerado por esse novo tipo de administração econômica é que os valores de mercado deixaram de ser restritos aos aspectos da economia de compra e venda de bens materiais. Eles passaram a governar de forma crescente e imperialista nossa vida como um todo, inclusive ditando a maneira como pensamos e agimos na sociedade, em particular em nosso território de trabalho. De forma quase natural, varremos para debaixo dos "tapetes sociais" os princípios morais e éticos

---

3. Jean M. Twenge. *Generation Me*, p. 107.
4. Trato desse assunto mais detalhadamente em *Mentes consumistas: do consumismo à compulsão por compras.*

responsáveis por manter a sociedade com as melhores faces da essência humana.

Nesse contexto de globalização econômica, a maioria das organizações corporativas dos mais diversos setores visa maximizar seus dividendos à custa da redução significativa da mão de obra regida pelas leis trabalhistas e do aumento obrigatório da produtividade dos funcionários. Tudo funciona para que o sistema econômico predominante gere seu bem maior, o lucro, acima de qualquer outro valor humano.

Nessa atmosfera, os índices de ansiedade e processos depressivos são estimulados a eclodir em ambos os lados: nos desempregados e nos profissionais remanescentes, que passam a trabalhar muito mais e sob pressão intensa, em geral com manutenção ou redução de seus salários. Os economistas costumam utilizar nomes bonitos para designar essa triste realidade: reengenharia das pessoas ou promoção dos funcionários multitarefas.

Nessa conjuntura, os trabalhadores se tornam quase animais competitivos que tentam salvar sua pele, em um espetáculo patético de insensibilidade e egoísmo de nossa espécie. É óbvio que isso torna a insatisfação e os níveis de estresse cada vez mais elevados no campo profissional. Com o tempo, todos os envolvidos nesse processo tendem a adoecer.

Segundo as estatísticas mais recentes do Instituto Nacional de Saúde Mental dos Estados Unidos, hoje cerca de 40 milhões de americanos adultos, ou 18% da população, sofrem de algum transtorno de ansiedade, ou seja, de quadros patológicos de ansiedade. E, segundo a Organização Mundial de Saúde (OMS), os transtornos de ansiedade são hoje as doenças mentais mais comuns, ultrapassando os casos de depressão.

De maneira contraditória, na maioria das sociedades industrializadas, o acesso a bens materiais nunca foi tão elevado, e a expectativa de vida das pessoas está em ascensão. Por conta dos avanços tecnológicos, somos capazes de produzir bens de consumo em massa; e, graças ao avanço das pesquisas científicas, podemos dominar uma série de doenças. Assim, tornamo-nos praticamente imunes às ameaças de outros animais que habitam nosso planeta. De forma geral, podemos constatar que a vida tornou-se mais fácil e menos ameaçadora do que foi no passado. Decorre daí a pergunta que não quer calar: "Então não devíamos ser menos ansiosos do que antes?".

Em tese, sim, afinal estamos vivendo mais e melhor do que no passado, com casas mais confortáveis, repletas de aparelhos domésticos que facilitam nossa vida e nos libertam de afazeres penosos e perigosos. Podemos ainda afirmar que, para uma parcela da sociedade, o gasto energético para a obtenção de alimentos, combustíveis e proteção contra catástrofes naturais reduziu-se bastante. Então, como explicar os elevados índices de ansiedade ao redor do mundo?

Existem diversos fatores que tentam explicar essa aparente contradição do desenvolvimento do homem moderno. Destacarei dois, por considerá-los as raízes mais consistentes de toda essa ansiosa realidade que nos cerca, pelo menos no que tange ao aspecto social de nossa existência como espécie animal.

O primeiro fator na verdade é um trio que se apresenta inter-relacionado, e por isso mesmo não pode ser analisado de forma separada: a urbanização, a industrialização e o crescimento da economia de mercado. Essa conjuntura fez com que nossa maneira de pensar a vida e a felicidade se alterasse profundamente. Perdemos o sentido de coletividade que tínhamos quando vivíamos em tribos e nos tornamos mais individualistas. E assumimos identidades, em particular a de consumidores ávidos por conforto material e status. Atingimos condições materiais melhores do que a de nossos pais e avós, no entanto estamos sempre insatisfeitos e desejosos de mais e mais bens de consumo. Nossas expectativas de sucesso, beleza, poder e felicidade nos colocaram em uma corrida insaciável e contínua que não tem "linha de chegada". Atribuo a outro trio da modernidade a segunda causa de nossa existência tão ansiosa: a globalização, a expansão das liberdades e dos valores democráticos. A globalização trouxe grandes possibilidades de mobilidade geográfica e social. Até o Renascimento, a ideia de progressão social era inexistente: as pessoas viviam uma espécie de resignação existencial. Aceitar que as coisas seriam sempre da mesma maneira que foram para seus pais, avós, bisavós etc. hoje pode nos soar extremamente deprimente. No entanto, se pararmos para analisar com mais calma, constataremos que a inexistência de possibilidade de ascensão social era algo consolador, pois livrava os homens de qualquer necessidade de adaptação sociocultural ou tecnológica. Sem perspectivas de mudanças não havia preocupações com o futuro nem frustrações por expectativas ou desejos não realizados. Sem esperança de dias melhores também não havia o medo da perda, do declínio — medos que assombram e angustiam a vida dos homens e mulheres modernos.

Nas sociedades ocidentais, sobretudo nas democracias capitalistas de hoje, somos livres para decidir tudo: nossa profissão, onde iremos morar, com quem vamos ficar, namorar ou casar, que tipo de roupa iremos vestir, que carro iremos comprar, o que iremos assistir na TV, no cinema, no teatro, que música escutaremos etc.

Esta é nossa realidade: somos obrigados a fazer um número incalculável de escolhas todos os dias; por outro lado, não temos mais os critérios rígidos e imutáveis do passado, como na Idade Média, por exemplo, nem o apoio coletivo dos membros de uma tribo, como acontecia nas comunidades humanas antes dos processos de urbanização e de estabelecimento da agricultura tecnológica. De forma paradoxal e desafiadora, descobrimos, na prática, que a liberdade de escolha traz consigo uma dose de ansiedade que teremos de aprender a administrar, caso queiramos seguir o caminho dos valores democráticos. E, sinceramente, acho que todas as mudanças ocorridas na estrutura social e econômica da humanidade estão aí justamente para que possamos utilizar com sabedoria nosso livre-arbítrio a serviço de uma espécie mais livre, mas que saiba que liberdade requer, antes de tudo, respeito pelo outro e por todas as espécies, e pelo planeta, e responsabilidade por tudo que nos cerca. Isso, sim, nos conduzirá a uma democracia altruísta, sem tantos indivíduos adoecidos como observamos hoje.

As enfermidades causadas pelo excesso de ansiedade

Não tenho qualquer dúvida de que níveis elevados de ansiedade, quando se tornam intermitentes e contínuos, desencadeiam diversos tipos de enfermidades, tanto no campo mental (transtornos de ansiedade) quanto no campo físico e espiritual do indivíduo.

No território da enfermidade física, destacarei aqui uma série de patologias desencadeadas ou agravadas pelos níveis de ansiedade experimentados pelos indivíduos antes, durante e depois de seu adoecimento em si. Nesses quase trinta anos de prática médica, destaco algumas situações nas quais essas conexões se apresentaram de maneira inequívoca: dermatites, labirintites, fadiga, distúrbios digestivos (fome excessiva, indigestão, úlceras estomacais, constipação, diarreia, colite), distúrbios do sono (insônia, sono agitado e fragmentado, pesadelos, apneia, pernas inquietas), doenças cardíacas (hipertensão arterial, arritmias), cefaleias, alterações sexuais, fibromialgia e maior propensão a acidentes domésticos como topadas, tropeções, tombos e acidentes automobilísticos.

É claro que a enfermidade mental e física tem uma carga genética variável de patologia e de pessoa para pessoa. No entanto, é evidente que os níveis elevados de ansiedade contribuem muito para o surgimento de diversas doenças, além de influenciar de forma negativa seus prognósticos. A ilusão — tentada pelas Forças Armadas e estimulada pelo marketing de consumo — de que podemos ser super-humanos é um dos maiores engodos alardeados pela cultura moderna. Super-humanos não existem e nunca existirão, pois se um dia chegarmos a não sentir medo ou ansiedade, teremos deixado de ser humanos na mais fiel acepção da palavra.

O que nos cabe fazer, como seres humanos determinados a evoluir física, psíquica e espiritualmente, é utilizarmos o conhecimento que possuímos hoje sobre a ansiedade e o modo como ela atua em nosso cérebro e aciona nossa maneira de interpretar e agir no universo. Somente assim seremos capazes de entender o verdadeiro papel que a ansiedade desempenha em nossa vida e deixaremos de lado a enganosa ideia de eliminá-la. Aprenderemos a controlá-la, pois assim ela deixará de ser uma força usurpadora de nossa saúde ou um agente debilitante de nossa liberdade. Com níveis "saudáveis e adequados" de ansiedade, seremos verdadeiramente humanos, com as dores e os prazeres de não sermos perfeitos.

As informações negativas — em especial as de conteúdo violento —, além de provocar ansiedade e angústia, possuem um efeito de flashback que dia após dia poderá causar doenças decorrentes do estresse prolongado.

5
VIOLÊNCIA, MEDO E ANSIEDADE: UM TRIO INSEPARÁVEL

Sempre fui uma criança muito feliz, e desde cedo me sentia muito especial quando revelava aos adultos meus *segredos* de felicidade: havia nascido no Brasil e, melhor ainda, na Cidade Maravilhosa (uma autêntica carioca da gema); tinha uma família grande e amorosa; tinha pais, professores e amigos com os quais brincava todos os dias da semana, depois de fazer meus deveres de casa e estudar para as provas da escola. Aos sábados e domingos, eu me esbaldava na casa de meus avós, um verdadeiro paraíso para uma criança. Ali, entre árvores, balanços, pássaros, cachorros, galinhas, pintinhos, orquídeas e muitas guloseimas, todos os primos se encontravam para livremente andar de bicicleta, jogar queimado, pique-cola, jogos de tabuleiros, entre tantas atividades divertidas. Eu tinha a nítida sensação de que a vida era uma festa sem fim.

Recordo-me que aprendi a rezar muito cedo, com apenas 5 anos. Ao me levantar e antes de dormir, sempre me ajoelhava ao lado da cama e recitava em voz alta o pai-nosso e a ave-maria. Confesso que fazia aquilo porque sentia que meus pais e meus avós ficavam felizes com isso, mas na verdade eu pouco entendia as palavras pronunciadas com zelo e aparente concentração. Anos mais tarde, entendi que aquilo não era exatamente uma oração, mas uma repetição automática de palavras decoradas por observar atentamente meus pais e minha irmã. No entanto, durante minhas preces, havia uma frase que não saía de meus pensamentos, e que eu repetia mentalmente: "Deus, agora queria que o Senhor prestasse atenção no que vou dizer, e é do fundo do meu coração: muito obrigada por eu ter esta família, ser brasileira e carioca!". De forma ingênua e sonhadora, eu imaginava que já tivesse tudo de que precisava, pois meu país, minha cidade e minha família eram os melhores presentes que uma criança poderia ganhar. Quanta pureza em me sentir tão especial por isso!

Quando eu tinha 12 anos, Martha, minha professora de português, pediu que a turma fizesse uma redação sobre o que nos fazia felizes e por quê. Aquilo me soou tão simples, pois eu sabia a resposta havia muito tempo. Só parei um pouco para pensar em como iria explicar minha tríade de felicidade: família, Brasil e Rio de Janeiro. Em pouco tempo e de maneira objetiva, escrevi o seguinte: era feliz porque tinha uma família que me amava e com a qual os dias se passavam de forma tranquila e divertida; morava em um país com dimensões continentais, rico em recursos naturais, com clima e solo favoráveis a todo tipo de lavoura, cujo povo era trabalhador e pacífico. Não havia dúvidas, tínhamos tudo para ser o país do futuro e uma grande potência mundial. Quanto ao Rio de Janeiro, eu nem precisava me estender muito, pois seu codinome, Cidade Maravilhosa, já era autoexplicativo. Lembro-me de que entreguei a redação em cerca de vinte minutos e fui para casa com a sensação de que havia tirado "11" naquela tarefa. Obviamente, minha nota não passou de um 7. Ao questionar a professora Martha para entender o porquê daquela nota, ela me respondeu com toda calma e franqueza: "Ana Beatriz, ninguém pode ser plenamente feliz sem ver o mundo ao seu redor". Naquela época, ainda tão imatura, achei que a professora estava incomodada com minha alegria. Mas a mensagem que ela quis me passar, além de bela, era real: não existe uma ilha, uma bolha blindada que nos garanta a felicidade constante, todos estamos sujeitos, em graus diversos, às intempéries da vida, sejam elas de caráter pessoal ou coletivo.

Hoje, no início de minha quinta década de existência, apesar de tudo, ainda me julgo uma pessoa privilegiada, sobretudo pelo patrimônio afetivo que fui capaz de acumular ao longo da vida. Por outro lado, muitas vezes me flagro um pouco ansiosa, amedrontada e entristecida com as tragédias constantes, tanto no mundo quanto no Brasil. Mas ainda não desisti de meu país nem de minha cidade, e por isso, como muitos, fui impelida a mudar meus hábitos, rotinas e abrir mão de alguns prazeres por medo da violência que tomou de assalto nosso cotidiano, como uma epidemia que provoca mortes crescentes e subtrai uma parcela significativa da alegria e da saúde de cada um de nós.

Dados simples que evidenciam a epidemia da violência no Brasil

Alguns dados relacionados a seguir colocaram por terra minha ilusão de que o Brasil é um país generoso e pacífico, como acreditei durante tantos anos. Vamos à dureza dos fatos:

- Taxa de homicídios no Brasil: segundo o Atlas da Violência 2016, mais de 59 mil pessoas foram assassinadas no país, em 2014. Esse número é superior ao número de assassinatos ocorridos nos Estados Unidos, China e Europa juntos para o mesmo período.
- O Brasil é responsável por 10% dos homicídios mundiais, taxa oito vezes a da Índia e trinta vezes a da China (ONU).
- Entre 2011 e 2015, tivemos aqui no Brasil mais vítimas de homicídios do que na Síria, em plena guerra civil. Os dados foram divulgados pelo 10º Anuário Brasileiro de Segurança Pública, em 2016. Naquele período, 279.567 pessoas foram mortas pela violência em nosso país, incluindo casos não elucidados, enquanto na Síria foram 256.124 vítimas.

- De acordo com a Associação Brasileira de Criminalística, somente de 5% a 8% dos assassinos são punidos no Brasil. Mais de 90% dos homicídios nem chegam a ser elucidados.
- Segundo o Departamento Penitenciário Nacional do Ministério da Justiça (Depen/MJ), atualmente há uma defasagem de 231 mil vagas para acomodar a população carcerária do país. Com isso, presídios superlotados apresentam taxas de homicídios cerca de dez vezes as encontradas entre a população em geral.
- Em 2014, uma pesquisa realizada pela BBC Brasil apontou números alarmantes quanto à violência de nossa polícia civil e militar: a cada policial assassinado, quatro cidadãos morrem pelas mãos da própria polícia. Nossos agentes não só estão expostos a altos níveis de riscos, como são responsáveis por um número elevado de homicídios no país. Na ocasião, Átila Roque, diretor da Anistia Internacional no Brasil, declarou à BBC Brasil que "no Brasil temos uma das polícias que mais matam e mais morrem em todo o mundo". Esses dados evidenciam uma verdadeira guerra civil enfrentada no país.[1]

Eu poderia citar inúmeras situações que demonstram essa epidemia tão assustadora e triste que toma conta do Brasil e do mundo, mas gostaria de seguir adiante com explicações mais científicas de como essa realidade vem ceifando vidas, destruindo famílias, mudando hábitos dos cidadãos e adoecendo a todos, mesmo que indiretamente.

---

1. Todas as fontes das quais foram extraídas essas informações se encontram na bibliografia deste livro.

Como o cérebro percebe a realidade

Quem me conhece sabe que sou apaixonada por esse órgão humano denominado cérebro. Tudo nele me fascina: a velocidade com que processa as informações, como é capaz de conectá-las para formar o conhecimento, a maneira como nos faz sentir nossas próprias emoções, bem como as emoções dos que estão ao nosso redor e até mesmo as de pessoas com quem jamais tivemos contato.

De forma didática, podemos dizer que o cérebro tem uma percepção tripla tanto de nós mesmos quanto de tudo que nos cerca, seja de fatos reais ou virtuais (imaginários). Pode parecer complexo, mas tentarei explanar essa engrenagem de percepções definindo-a em três tipos distintos e com exemplos claros e cotidianos. Assim, temos: a autopercepção, a percepção do universo ao nosso redor e a percepção do outro.

1. A *autopercepção*, como o nome já sugere, é a percepção que temos de nós mesmos, e pode ser dividida em *interna* e *externa*. A *autopercepção interna* nos possibilita detectar sinais do funcionamento interno do nosso corpo. É por meio dessa função mental que sentimos os batimentos cardíacos se acelerarem quando enfrentamos uma situação ameaçadora ou quando encontramos de forma inesperada a pessoa pela qual estamos apaixonados ou um grande amor do passado. É a autopercepção interna que nos faz sentir dores abdominais agudas e intensas ou cólicas intestinais, que prenunciam situações bastante embaraçosas e desconfortáveis. Já a *autopercepção externa* está relacionada à nossa apresentação física ao mundo que nos cerca. É por causa dela que adquirimos hábitos de higiene pessoal, de

alimentação mais saudável, da prática de atividades físicas, bem como escolhemos roupas adequadas para as diversas situações sociais. É a autopercepção externa que leva a maior parte das mulheres a usar os velhos truques de maquiagem que disfarçam olheiras, manchas na pele e rugas de expressão, conferindo-lhes uma aparência mais jovial.

2. A *percepção do universo ao nosso redor* nos habilita a ter precaução ao atravessar a rua; a procurar um abrigo seguro em caso de tempestades, enchentes, sol escaldante; e até mesmo a nos proteger em situações ameaçadoras como tiroteios, arrastões ou um perigo iminente. A percepção do mundo que nos cerca também nos torna capazes de estabelecer relações interpessoais mais assertivas, pois, quanto mais pudermos entender o ambiente em que estamos, mais aptos nos tornamos no trânsito pessoal e coletivo do viver e interagir. E essa habilidade é extremamente valorizada não só no âmbito familiar, como também no profissional, afetivo e social.

3. A *percepção do outro* talvez seja a mais complexa e difícil habilidade do cérebro humano a ser alcançada de forma plena e transcendente. O ápice dessa função mental é denominado *empatia*. É ela que nos permite "sincronizar" com os sentimentos do outro e, a partir dessa sincronia, ser capazes de nos colocar no lugar dele e tentar sentir o que ele sente, sem julgamentos ou preconceitos. É importante destacar que a empatia não é uma função cognitiva ou racional em si, por isso ela não visa o entendimento lógico, e sim o sentimento; é como se pudéssemos ser o outro, por alguns instantes, e enxergar o mundo através dos seus olhos. A empatia é o principal ingrediente na formação da consciência genuína, atributo que nos impulsiona a ir ao

encontro do outro, a vibrar com suas alegrias e a chorar verdadeiramente com suas dores e angústias. É devido à empatia e à sua participação ativa na constituição da consciência genuína, da maioria absoluta de nós, que percebemos a conexão entre todas as coisas do universo. É por essa razão que nos alegramos com as conquistas coletivas da humanidade, da cura de doenças às vitórias dos atletas olímpicos, e com todos os atos de gentileza e amor. E é pelo mesmo motivo que nos entristecemos e nos horrorizamos com as guerras, com a violência torpe e gratuita, com a fome e as catástrofes naturais, responsáveis pela morte de milhares de pessoas todos os dias ao redor do mundo.

Com esse conhecimento sobre algumas das mais importantes funções do cérebro, podemos entender por que a violência diária nos afeta tanto e nos leva, invariavelmente, ao adoecimento físico e/ou psíquico, mesmo que não sejamos vítimas diretas dela. Só a expectativa de vivenciar algo trágico já é capaz de provocar uma descarga violenta de substâncias no organismo que deixam o corpo todo em estado de alerta. Explico melhor: quando passamos horas em frente à TV, assistindo aos noticiários, sofremos um verdadeiro bombardeio de informações e imagens dramáticas que são captadas por nosso cérebro como se ele estivesse vivenciando aquele momento. Todas as vezes que essas matérias forem ao ar, o cérebro vai passar pelas mesmas sensações. Isso ocorre porque o cérebro não consegue distinguir os fatos reais dos virtuais (ou imaginários). Se ele pode vivenciar, presenciar ou imaginar, com certeza irá reagir da mesma forma. O que pode variar é a intensidade dessa reação, que depende da situação e da sensibilidade de cada pessoa. Se forem eventos positivos, por exemplo, o cérebro liberará substâncias capazes de gerar sensações agradáveis e gratificantes; nesse caso podemos até chorar, mas será um choro de emoção boa. E como dizia minha avó: "Choro de emoção boa é o melhor colírio para lubrificar os olhos". Por outro lado, os acontecimentos negativos desencadeiam no cérebro uma série de reações bioquímicas que resultam em liberação de diversas substâncias relacionadas ao estresse, como a noradrenalina, a adrenalina e o cortisol. Essas substâncias deixam todo o organismo em estado de alerta e nos preparam para uma "guerra", mesmo que ela não ocorra de fato. Dessa forma, as informações negativas (reais ou virtuais), em especial as de conteúdo violento, além de provocar desconforto, ansiedade e angústia, de maneira instintiva, possuem um efeito de flashback (de reviver a situação passada), que dia após dia irão se acumular e causar doenças decorrentes do estresse prolongado.

Por isso é tão importante filtrarmos as informações a que iremos submeter nosso cérebro. Assim como um vírus ou uma bactéria, o cérebro deve ser exposto a notícias trágicas por tempo limitado, um tempo suficiente para que não sejamos alienados ou obtusos. Para que isso ocorra, basta assisti-las uma única vez. Não há a menor necessidade de ver de forma repetitiva as mesmas notícias, tão estressantes e ameaçadoras. Pense: ao poupar nossa mente do excesso de informações nocivas, contribuímos para que o cérebro esteja mais descansado e apto a fazer as escolhas mais adequadas nos momentos em que precisamos enfrentar os desafios e problemas reais que a vida nos oferece.

Infelizmente, cresce o número de pessoas que passam horas a fio em frente à TV, ao computador e nas redes sociais em busca de notícias que reproduzem as mesmas informações inúmeras vezes. Elas sofrem só de imaginar: "E se fosse comigo ou com alguém da minha família?". Lembre-se de que é a percepção do outro e o sentimento de empatia que nos colocam no lugar de quem está sofrendo, a ponto de sentirmos dores semelhantes. As pessoas estão literalmente adoecendo, não somente de transtornos ansiosos, como também de depressão. A procura por consultórios psiquiátricos e psicológicos tem aumentado nos últimos anos, e entre esses pacientes estão pessoas de todas as idades, inclusive crianças bem jovens. É um verdadeiro massacre de cenas de horror para nosso cérebro. Essa máquina tão fascinante e poderosa pode suportar muita coisa, mas pensamentos negativos e repetitivos, de forma incessante, fazem com que ele entre em exaustão e, é claro, o corpo inteiro sofre as consequências.

Como exemplo, cito o atentado às Torres Gêmeas nos Estados Unidos, em 11 de setembro de 2001. Quantas vezes aquelas imagens se repetiram e até hoje se repetem nos noticiários? E quantas pessoas não se imaginaram na mesma situação e, a partir disso, passaram a ter medo intenso de ser vítimas do terrorismo, de altura, de avião ou até mesmo de sair de casa? E hoje, o que dizer diante de tamanha barbárie em todo o mundo?

No Brasil, os incêndios de ônibus nas cidades de São Paulo e do Rio de Janeiro, em maio e dezembro de 2006, bem como o massacre na escola do bairro carioca de Realengo, em 2011, e tantos outros confrontos em diversas comunidades cariocas culminaram em mortes e tiveram consequências imediatas para a população. Na prática clínica diária, constato cada vez mais que essas imagens são suficientes para aumentar o adoecimento e agravar os quadros de quem já apresenta algum problema, mesmo que sejam meros espectadores.

Em vez de desperdiçarmos energia com esse estresse infrutífero do eterno "ver e rever, ver e rever", podemos canalizá-la em algo real e construtivo para as mudanças efetivas de realidades tão estarrecedoras. Com essa postura, estaremos de fato contribuindo para que a arte de viver transcorra com mais leveza e significado tanto para nós mesmos quanto para os que nos cercam. Acredito firmemente que tudo no mundo guarda uma íntima conexão entre si; não podemos ser verdadeiramente plenos e felizes se adoecermos ou se virarmos as costas para os problemas coletivos de nossa sociedade. Tudo é uma questão de consciência e, para tanto, precisamos de conhecimento e ações proativas e generosas.

Hoje percebo que a professora Martha estava coberta de razão. A nota 7 de minha redação foi um ato de generosidade dela, não de repreensão. Meu conhecimento sobre o cérebro, a vida, a violência e seus efeitos nefastos eram realmente muito limitados. No entanto, de uma coisa eu ainda tenho convicção: sou grata a Deus pelo privilégio de estudar, receber e filtrar informações e poder compartilhar com você, leitor, um pouco daquilo que aprendo todos os dias, com toda a gentileza que me é possível.

O medo e a ansiedade formam uma parceria tão íntima que não há possibilidade de imaginarmos ou sentirmos um sem o outro.

6
MEDO, ANSIEDADE, ESTRESSE E TRANSTORNOS DE ANSIEDADE: QUANDO UM COMEÇA E OUTRO TERMINA

Um dia, meu sobrinho Guilherme, no auge de seus 7 anos, me surpreendeu com a seguinte pergunta:

— Tiiia, qual a diferença entre medo e ansiedade?

— Onde é que você viu isso?

— No papel com a sua letra no seu escritório.

— Ah, bom! Então vamos lá: medo é algo que a gente teme e tenta evitar, por exemplo, medo de altura, do escuro etc. Já a ansiedade é uma sensação ruim que aperta o peito da gente.

— Hum, entendi. Então, criança tem medo e adulto tem ansiedade, pois tem vergonha de dizer o que lhe causa medo.

— Pode ser.

— Tiiia, posso dormir com você?

— Por quê?

— Porque tenho medo de escuro e de monstros.

— Tá bom! Vem pra cá pertinho.

— Tiiia, se você sentir ansiedade, pode apertar minha mão, tá?

— Pode deixar, meu anjo, eu já estou apertando sua mão.

Nesse dia, ele me ensinou que todo mundo tem medo e ansiedade, não importa a idade. Medo e ansiedade são "primos-irmãos" e sempre estarão juntos.

Dizem que "o primeiro sutiã a gente nunca esquece". Quem imortalizou essa frase foi o publicitário e escritor Washington Olivetto, em uma memorável propaganda de lingerie dos anos

1980. Até hoje sou capaz de fechar os olhos e ver aquele anúncio na tela da TV: o rosto da adolescente ao vestir seu primeiro sutiã diante de um espelho, sua elevada autoestima ao se considerar, a partir daquele momento, não mais uma menina, mas uma mulher com sonhos a ser realizados e desafios a enfrentar. De fundo, uma música linda, que embalava os sonhos daquela menina e muitos dos meus também.

Como é bom saber que nossa mente tem suas "caixinhas chinesas", dentro das quais são guardadas várias lembranças boas, que elas acabam por constituir parte daquilo que nos tornamos na idade adulta. Afinal, somos feitos inclusive das coisas que gostaríamos de ter sido. Ações, sentimentos, lembranças, desejos, frustrações e êxitos se juntam em uma espécie de amálgama que resulta em nosso eu mais subjetivo e real.

Mas também devo confessar que minha mente não é capaz de vivenciar apenas belas recordações. Nem a minha, nem a de ninguém. Por motivos inerentes à nossa constituição biológica, tendemos a marcar a ferro e fogo em nossa memória as situações que nos fizeram sofrer, as que nos despertaram medo e, mais especificamente, as que nos fizeram sentir algo muito além do medo: o desespero.

Hoje, olhando para trás, sou capaz de identificar com mais precisão as situações em que tive uma simples e esperada reação de medo e aquelas em que fui tomada pelo desespero paralisante ou, ao contrário, que me fizeram fugir de forma alucinada. A primeira vez que eu me lembro de ter sentido medo intenso foi quando ainda era criança e, certa noite, fui acordada aos gritos por minha mãe: "Filha, acorde, acorde! Temos que sair do prédio correndo! O casarão ao lado está pegando fogo!". Em meio a muita correria, ainda pude ver pela janela um grande clarão e ouvir muitos estalos. Imediatamente senti meu coração disparar, minhas mãos ficaram frias e meu corpo correu na direção de onde todos saíam. Em segundos estávamos na rua, observando os bombeiros apagarem o fogo e salvarem a vida das pessoas ameaçadas pelas chamas. Horas mais tarde, o fogo estava sob controle, mas ainda permanecíamos na rua, só que, àquela altura, sentados na calçada. Meu coração já batia no compasso certo, mas parecia que um trator havia passado por cima de mim: minhas mãos, braços e pernas estavam trêmulos, como se tivessem sido submetidos a um exercício extenuante. Mamãe nos chamou, já podíamos voltar para casa. Para me levantar, precisei segurar nas mãos da minha irmã e da babá: sem a ajuda delas, o retorno seria assustador. Hoje não tenho a menor dúvida de que todos nós sentimos medo naquela noite. Foi esse medo que nos fez sair do apartamento e retornar apenas quando os bombeiros permitiram.

Para que serve o medo?

O medo, na medida certa, tem uma função essencial para nossa espécie. É ele que aciona nosso comportamento de autoproteção diante dos riscos com os quais nos deparamos no dia a dia ou em situações excepcionais de risco de vida. Sentir medo é absolutamente normal, ou melhor, é necessário. Sem o medo protetor e instintivo, seríamos seres totalmente destemidos, inconsequentes e provavelmente muito mais violentos e cruéis.

Todos temos medo de sofrer algum tipo de violência, injustiça ou de perder alguém muito querido. Se não fosse assim, não seríamos humanos. A dose exata de medo faz com que tenhamos atitudes adequadas diante de perigos reais e iminentes, como em um tiroteio, por exemplo, quando devemos buscar abrigo ou deitar no chão para reduzir os riscos de sermos atingidos por uma bala perdida. É esse medo, instintivo e essencial à nossa preservação, que também nos impede de reagir diante de um roubo — ou até mesmo de um sequestro-relâmpago — e aumentar o perigo e exposição de nossa vida.

Com o passar do tempo, fui observando que em diversas ocasiões sentia algo muito parecido com o que senti no dia do incêndio: de forma súbita o coração disparava, as mãos tremiam, as extremidades ficavam geladas e o corpo todo se contraía.

Quando decidi estudar psiquiatria, esses comportamentos passaram a me chamar cada vez mais a atenção e, como que por uma atração inexplicável, nos primeiros anos de minha prática médica cerca de 70% de meus pacientes apresentavam *transtorno do pânico*. Esse *transtorno de ansiedade*, como veremos mais adiante, está intimamente relacionado ao medo.

Qual a relação entre medo e ansiedade?

Medo e ansiedade são dois lados da mesma moeda. Todos nós já ouvimos o velho ditado popular "Aonde vai a corda, vai a caçamba", quando alguém se refere a pessoas ou objetos que vivem juntos, de forma quase inseparável. Expressões semelhantes — tais como "feijão com arroz", "futebol e bola", "Piu-Piu e Frajola", "Batman e Robin" — sempre são usadas com a intenção de destacar a íntima relação entre ideias, conceitos e sentimentos. Da mesma maneira, o medo e a ansiedade formam uma parceria tão íntima que não há possibilidade de imaginarmos ou sentirmos um sem o outro — como anunciam as expressões populares.

No dicionário, encontramos a seguinte definição para a palavra *medo*: "Sentimento de grande inquietação diante da noção de um perigo real ou imaginário". De forma semelhante, a ansiedade é definida como "sensação de receio e de apreensão, sem causa evidente"; sinônimo de ânsia, aflição, "perturbação de espírito causada pela incerteza ou pelo receio".

Embora sejam definições técnicas, elas são importantes para percebermos a impossibilidade de distinção entre as duas palavras. Dessa forma, devemos entender que, sempre que o medo está presente, a ansiedade se revela em plenitude, seja em sinais físicos perceptíveis, seja em sintomas psíquicos.

Pude identificar, basicamente, três ocasiões em que a reação de medo se repetia, mesmo que por motivos diversos e em intensidade variada.

1. A primeira, quando existe um motivo real e ameaçador que faz o organismo reagir com o objetivo de minimizar os riscos, seja fugindo ou se abrigando em local seguro; ou, ainda, interrompendo a reação de fuga para garantir uma segurança imediata. Aqui se encaixam várias situações já citadas e minha amedrontada lembrança infantil. O primeiro incêndio a gente nunca esquece mesmo!
2. Existem situações em que o fator ameaçador não é real, ou melhor, pode até existir, mas não representa um risco iminente ou significativo à nossa sobrevivência. Quem já não vivenciou o frio na barriga, o palpitar do coração, a respiração curta, as mãos trêmulas e frias no início de uma prova? No vestibular ou no Enem, essa situação é bem comum. Minutos antes de iniciar as provas, quando elas já foram distribuídas aos candidatos, grande parte deles descreve muitos desses sintomas. Depois de dez a quinze minutos do início da prova, tudo tende a se reduzir. O coração, que no início parecia saltar pela boca, já bate dentro do peito, e na maioria do tempo é possível não percebê-lo, sobretudo se o candidato consegue identificar

assuntos bem estudados em diversas questões. O nome que damos a esse mal-estar é *ansiedade*, ou seja, ansiedade é quando temos a reação do medo, mas não corremos risco objetivo de morte ou, ainda, quando avaliamos de forma exacerbada e equivocada o poder que uma pessoa, uma situação, um animal ou mesmo um objeto tem de nos fazer mal.

3. Outras situações equivaleriam ao que popularmente chamamos de desespero, ou seja, quando o medo ou a ansiedade ganham proporções capazes de modificar toda a nossa vida, causando limitações importantes nos setores profissional, social, afetivo, acadêmico e pessoal. O problema é quando esses momentos de desespero passam a ocorrer com certa frequência, a ponto de transformar a vida da pessoa em um verdadeiro pesadelo. Nesse caso, temos os *transtornos de ansiedade*, dos quais o transtorno do pânico é o mais conhecido entre a população leiga, o que faz com que a busca por tratamento ocorra de forma mais rápida, já que as crises de pânico representam o mais puro desespero que um ser humano pode experimentar na vida.

É importante fazer algumas considerações sobre tudo o que já foi dito até aqui para que alguns conceitos fiquem bem claros em nossa mente.

E onde o estresse se encaixa nessa história?

A palavra *estresse*, tão utilizada em nossos tempos, também guarda profundo parentesco com o medo e a ansiedade. Enquanto o medo e a ansiedade referem-se aos sentimentos e sensações de cada indivíduo diante de situações — reais ou imaginadas, ameaçadoras —, o estresse corresponde às alterações bioquímicas ocorridas no organismo e relacionadas a esses sentimentos. Enquanto o medo e a ansiedade possuem um caráter mais subjetivo (cada um sabe dos medos e ansiedades que habitam sua mente), a reação física do estresse sempre irá liberar as mesmas substâncias e desencadear as mesmas consequências, algumas imediatas (enfrentamento ou fuga) e outras crônicas, que retroalimentam o medo e a ansiedade, fazendo com que eles se acumulem e resultem nas doenças ou *transtornos de ansiedade*.

O esquema a seguir demonstra que medo e ansiedade são duas faces da mesma moeda e que levam ao mesmo fim:

Figura 2. Esquema elaborado por dra. Ana Beatriz Barbosa Silva.

Quais são os transtornos de ansiedade mais comuns?

Os transtornos de ansiedade formam uma espécie de espectro com quadros clínicos diversos na forma e na intensidade com que se apresentam, e cada um deles tem um nome específico. Os transtornos ansiosos mais significativos são: transtorno do pânico, fobia social, fobias específicas, transtorno do estresse pós-traumático (TEPT), transtorno de ansiedade generalizada (TAG), transtorno de ansiedade de separação e transtorno obsessivo-compulsivo (TOC). No decorrer deste livro, falarei especificamente de cada transtorno, descrevendo seus quadros clínicos, suas prevalências, suas origens, seus tratamentos medicamentosos, psicoterápicos e complementares, além de dar dicas alimentares e de posturas vitais que poderão ser de extrema valia para quem sofre com um ou alguns desses transtornos, ou presencia o sofrimento angustiado de uma pessoa querida.

O que pode acontecer se um transtorno de ansiedade não for tratado?

Em meus quase trinta anos de exercício diário da medicina comportamental, pude constatar que, toda vez que se estabelece o diagnóstico de um transtorno de ansiedade, seja ele qual for, a pessoa acometida já traz em sua bagagem existencial muitos problemas em diversos setores da vida (social, profissional, afetivo, acadêmico, familiar etc.). Isso acontece, na maioria dos casos, por desconhecimento do assunto e por preconceito em relação aos transtornos da mente.

Em geral, o paciente começa procurando clínicos, depois passa para os cardiologistas, em seguida neurologistas, endócrinos, pneumologistas, e assim por diante. É uma verdadeira peregrinação médica que leva muito tempo para chegar ao psiquiatra. É possível resolver o desconhecimento com informação encontrada em boas leituras sobre o assunto, mas é mais difícil vencer o preconceito. Todo preconceito esconde uma tendência ao *controle* e, como veremos, indivíduos com transtornos de ansiedade tendem a querer controlar as pessoas e os acontecimentos ao seu redor, como se isso fosse possível. Essa talvez seja a mudança mais árdua de se processar no tratamento de um ansioso, e o primeiro passo nesse sentido começa com a busca do especialista adequado: o psiquiatra.

A psiquiatria trata do comportamento humano e de suas disfunções, desde as mais simples até as mais complexas. Toda vez que existe um desconforto psíquico, a avaliação de um psiquiatra é indicada, seja para um aconselhamento, seja para um tratamento curto ou de médio e longo prazos. O que importa é o bem-estar físico e psíquico. Muitos dos que sofrem de transtornos de ansiedade postergam ao máximo a procura de um psiquiatra, por acreditarem que seus sintomas revelam uma "mente fraca" em um mundo de tanta competitividade.

Existe cura para os transtornos de ansiedade?

Ao contrário do que possa parecer, ao final de uma dolorosa experiência de medo e ansiedade em doses excessivas, podemos encontrar um caminho que nos leve a uma vida mais saudável e, principalmente, mais generosa com nós mesmos. No entanto, para que essa história possa ter o final feliz que todos almejamos, é preciso ter humildade para solicitar a ajuda certa e coragem para mudar velhos hábitos e ideias, e enfrentar antigos problemas e novos desafios. Em outras palavras, o que a medicina entende como cura não é uma solução definitiva. O que posso afirmar é que é possível libertar-se do tratamento medicamentoso, porém isso envolve um conjunto de fatores; trata-se de um longo caminho a ser percorrido e exige a reinvenção de nós mesmos.

*A pessoa que sofre de TAG tem
uma percepção errônea ou exagerada
de perigo; de forma imaginária,
ele está sempre ali, perseguindo,
rodeando, invadindo.*

7
TRANSTORNO DE ANSIEDADE GENERALIZADA (TAG): PREOCUPAÇÃO EXCESSIVA QUE NÃO NOS ABANDONA

Por que você sempre olha para os dois lados antes de atravessar a rua, por mais apressado que esteja? Por que, ao provar a sopa, você sempre assopra a colher antes de levá-la à boca? Por que, quando você está em um elevador e ele para por falta de energia, você fica ansioso, tenso e com falta de ar?

Embora essas perguntas, e suas respectivas respostas, pareçam óbvias ao leitor mais atento, é com base nelas que teço algumas considerações. Como vimos, todos nós, desde o nascimento, temos uma dose "terapêutica" de ansiedade e medo, necessária à nossa sobrevivência e à perpetuação da espécie. É o medo de ser atropelado que nos faz olhar para os lados antes de atravessarmos a rua. Também evita que queimemos a boca ao sorver uma sopa quente, bem como leva ao inevitável desejo de sair correndo de um elevador quebrado. Trata-se de atitudes prudentes.

O medo e a ansiedade são fenômenos universais e estão presentes em todos nós, em doses variadas, como resposta à adaptação aos estímulos de ameaça com que nos deparamos em nosso dia a dia.

O transtorno de ansiedade generalizada (TAG) se caracteriza por um estado permanente de ansiedade, não associado a situações ou objetos. A pessoa com TAG sofre incômodos subjetivos e/ou físicos a cada instante de sua existência, por motivos injustificáveis ou desproporcionais. Ela tem uma percepção errônea ou exagerada do perigo; de forma imaginária, ele está sempre ali, perseguindo, rodeando, invadindo.

Além disso, o paciente que sofre de TAG leva um tempo maior do que a população em geral para se "desligar" do agente causador da ansiedade ou do agente estressor. Mesmo depois de afastada qualquer possibilidade de sofrer algum risco, o pensamento ainda fica conectado, remoendo aquela situação estressante. É o estado de vigília permanente, a luz acesa que nunca se apaga!

A ansiedade patológica surge em nossa vida como um sentimento de apreensão, uma sensação constante e incômoda de que alguma coisa vai acontecer, inesperadamente. Quem sofre de TAG vive em contínuo estado de alerta e inquietude. Deixa de viver o presente e de desfrutá-lo, pois as preocupações subjetivas tomam o espaço destinado ao "aqui e agora". É uma ansiedade crônica, que leva a pessoa a começar o dia em busca de algum motivo de preocupação desnecessário, não importando se o problema é trivial ou doloroso. É a aflição constante de que deixou de fazer alguma coisa; de que algo pode estar errado; de que esqueceu algum detalhe importante; de que não vai dar conta de tudo o que tem para fazer. É o desassossego permanente; o soldado raso de prontidão diante do inimigo imaginário; é o Dom Quixote lutando contra seus moinhos de vento.

Segundo a Associação de Psiquiatria Americana (APA), a característica essencial do transtorno de ansiedade generalizada é uma ansiedade ou preocupação excessiva (expectativa apreensiva), que ocorre quase todos os dias durante pelo menos seis meses, acerca de diversos eventos ou atividades. Nesse caso, controlar a preocupação é uma tarefa quase impossível, uma vez que seu senso de avaliação do perigo está comprometido.

Muitos portadores de TAG fazem uma verdadeira peregrinação a vários especialistas, como clínicos gerais, cardiologistas, neurologistas, até alcançarem o diagnóstico definitivo. Isso se deve ao fato de que o TAG apresenta vários sintomas somáticos (físicos), além dos psíquicos.

Os sintomas somáticos mais comuns são:

- taquicardia;
- sudorese;
- cólicas abdominais;
- náuseas;
- arrepios;
- dores musculares;
- tremores;
- ondas de calor ou calafrios;
- adormecimentos;
- sensação de asfixia, "nó na garganta" ou dificuldade para engolir;
- perturbações do sono: insônia, dificuldade para adormecer, acordar no meio da noite etc.;
- fadiga ou esgotamento.

Dentre os sintomas psíquicos de maior relevância encontram-se a tensão, a apreensão, a insegurança, a dificuldade de concentração, a sensação de estranheza, o nervosismo e outros sintomas afins.

O relato de Márcia, 24 anos, comerciária, descreve bem o desconforto gerado pelo TAG:

> A sensação de insegurança e medo me persegue desde criança. Passei a vida toda buscando justificativas para esse sentimento estranho. Tudo era motivo de aflição: quando havia uma prova na escola, a preocupação era em função disso. Depois da prova, meu medo era o de não ter ido muito bem, da nota vermelha

no boletim e de meus pais brigarem comigo. Muitas vezes, já na adolescência, não conseguia dormir direito devido ao excesso de pensamentos misturados na cabeça: o que eu fiz ou deixei de fazer, a hora de acordar, o trabalho pra entregar... uma ansiedade sem fim. Hoje a insônia está tomando conta de mim. Meus pés e mãos sempre foram úmidos e frios, pingando suor. Se preciso me encontrar com alguém ou fazer uma entrevista, é um verdadeiro suplício! Sinto dor no estômago, falta de ar, um nó na garganta. Troco de roupa várias vezes, chego sempre antes da hora marcada e, se a pessoa demora um pouco, já me sinto a pior das piores. Tudo adquire uma proporção gigantesca, uma apreensão que não sei de onde vem e vai aumentando cada vez mais. Minha vida está virando um caos! Estou trabalhando, mas sempre preocupada com os horários, com as tarefas, com o que o chefe vai me pedir, penso que não vou dar conta, que vou ser demitida... Cansei de ouvir que sou muito agitada. Estou sempre com pressa, quero fazer tudo correndo, vivo com os nervos à flor da pele. Já acordo "pilhada". Estou aqui, mas já quero estar lá. Dá para entender uma coisa dessas? Estou no limite e exausta!

Justamente pela riqueza de sintomas, é extremamente importante que o médico não se precipite em diagnosticar o TAG, mas, sim, que este seja um diagnóstico de exclusão. Ou seja: para estabelecer que uma pessoa apresenta TAG, primeiro é preciso investigar cuidadosamente se o quadro ansioso não é fruto de outras doenças que desencadeiam as mesmas sensações físicas e psíquicas. Dentre essas doenças, destaco as seguintes:

- *Transtorno do pânico*: caracterizado por sucessivos ataques de pânico (ocorrências inesperadas de medo extremo), acompanhados de falta de ar, sudorese, tremores, taquicardia etc.

- *Fobia social ou transtorno de ansiedade social* (TAS): o foco do medo se relaciona a situações sociais ou de desempenho, com forte receio de ser constrangido em público.
- *Transtorno obsessivo-compulsivo* (TOC): caracterizado por pensamentos obsessivos e intrusivos, como o medo de ser contaminado, por exemplo.
- *Transtorno de ansiedade de separação*: caracterizado pelo medo exacerbado de ficar afastado de casa ou de parentes próximos.
- *Anorexia nervosa*: preocupação excessiva quanto à possibilidade de ganhar peso.
- *Fobias específicas*: caracterizadas pelo medo de um objeto ou situação definida.
- *Transtorno de somatização*: leva o paciente a ter múltiplas queixas físicas.
- *Depressão com ansiedade associada.*
- *Hipocondria* ou medo intenso de contrair uma doença grave.
- *Transtorno de estresse pós-traumático* (TEPT): desencadeia-se após a exposição a um evento traumático significativo.
- *Doenças orgânicas*: hipertireoidismo, abuso de substâncias, doenças cardiovasculares, entre outras, que têm como resposta sintomas de ansiedade.

É importante ressaltar que, embora o diagnóstico de exclusão seja necessário, é muito comum que o TAG se associe ou coexista com outros transtornos mentais. Dentre eles estão as fobias específicas e o transtorno do pânico. Em minha prática clínica diária, muitas vezes me deparo com pacientes que se queixam de vários medos excessivos ao mesmo tempo e, em uma avaliação mais criteriosa, observo que o TAG é o transtorno de origem.

Os prejuízos no funcionamento social e profissional para os pacientes portadores de ansiedade generalizada são grandes, e as ruminações constantes de preocupação são difíceis de ser controladas.

Evandro, 42 anos, corretor de imóveis, descreve com precisão os problemas que o TAG tem lhe causado:

> Sou casado, pai de três filhos e não sei bem ao certo quando essa minha ansiedade começou. Lembro-me de que, ainda na adolescência, era extremamente ansioso em tudo o que fazia. Muitas preocupações rondavam meus pensamentos. Será que vou conseguir ter uma namorada? Será que vou conseguir um bom emprego? Será que estou agradando nesta roda de amigos? Nunca tive dificuldade em arrumar namoradas, mas sempre ficava muito tenso e nervoso quando saía com uma garota. À medida que a hora do encontro se aproximava, começava a sentir calafrios e náuseas. Várias vezes cheguei a vomitar de tanta ansiedade.
>
> Hoje minha preocupação já é outra. Tenho um bom emprego, mas não possuo uma renda mensal fixa, dependo de comissões e de um bom desempenho profissional para garantir uma vida estável para minha família. É o suficiente para me deixar o tempo todo preocupado com meus compromissos financeiros, mesmo que tudo esteja correndo bem. Algumas vezes, acho que minha preocupação é exagerada, outras vezes, não.
>
> Às vésperas de fechar um bom negócio, minha ansiedade chega a níveis incontroláveis, mesmo com anos de experiência. A saúde de minha mulher e filhos é outro constante motivo de preocupação. Quando tenho uma discussão com minha esposa, simplesmente saio dos trilhos e depois percebo que não precisava me exaltar daquela forma. Levo muito tempo para esquecer aquela situação. Fico "ruminando" tudo o que falamos, e isso atrapalha

meu trabalho, como se desse um "branco" na mente, e perco bons negócios. Vivo sempre com pressa, quero tudo pra ontem e levo meus problemas de um lado pro outro. Além da minha família e do meu trabalho, várias coisas também me preocupam: a política financeira, as contas a pagar, as relações dos Estados Unidos com outros países, o barulho no painel do carro... Tenho uma tensão muscular crônica e acordo mais cansado do que quando fui dormir. Já não sinto mais prazer em sair e estou me distanciando dos poucos amigos que tenho... Vivo sempre cansado.

O transtorno de ansiedade generalizada acomete mais mulheres do que homens, e muitas vezes é difícil saber quando teve início, já que a maioria dos pacientes relata uma história típica de preocupação excessiva e nervosismo desde a infância ou adolescência. Porém, é comum que o TAG se manifeste em idades mais avançadas ou no início da fase adulta. Os pacientes costumam se queixar de múltiplos problemas físicos, tais como tensão motora (tremor, inquietude e dor de cabeça) e desconfortos gastrintestinais, pulmonares ou cardiovasculares. A hipervigilância (estado de alerta) e a perturbação no sono levam à irritabilidade constante e deixam o indivíduo esgotado e indisposto.

Para os adultos, o TAG quase sempre está relacionado à preocupação claramente desproporcional com as situações cotidianas, tais como responsabilidades no emprego, tarefas domésticas mais triviais, cuidados com os filhos etc. Já nas crianças e nos adolescentes, o foco da ansiedade está mais direcionado para o desempenho escolar ou os jogos competitivos. Também é normal que, durante o curso do TAG, o foco de preocupação mude de evento para evento.

Seja generoso com você mesmo: cuide-se!

Apesar de parecer difícil para o paciente ansioso se livrar dos medos e da preocupação excessiva, a terapia cognitivo-comportamental (TCC) tem se mostrado extremamente eficaz no tratamento do TAG. As técnicas específicas da TCC ajudam o paciente a mudar suas crenças errôneas, oferecem treinamento na solução de problemas e melhoram o gerenciamento de seu tempo. Com a ajuda do terapeuta, o paciente também poderá controlar melhor as próprias ações e aprender a escolher o comportamento mais adequado para determinadas situações. Além disso, o paciente poderá contar com as técnicas de relaxamento, que diminuem consideravelmente os níveis de ansiedade.

Embora a TCC seja muito eficaz para o TAG, somente essa prática terapêutica, muitas vezes, não é suficiente para trazer o alívio dos sintomas que o paciente apresenta. Nesse caso, a intervenção medicamentosa se faz necessária e poderá acelerar o processo de recuperação e o surgimento de resultados mais satisfatórios.

Dentre os medicamentos mais utilizados estão os que aumentam os níveis de serotonina no cérebro (os ISRS), que, além de diminuírem a ansiedade, agem também na depressão, caso ela esteja associada ao TAG. Os benzodiazepínicos (tranquilizantes) podem ser usados em conjunto com os antidepressivos, pois trazem alívio imediato. No entanto, é preciso ter cautela, pois podem causar dependência química e, por isso, as doses administradas devem ser as mais baixas possíveis. Com o decorrer do tratamento, os tranquilizantes deverão ser retirados de forma gradativa (depois de poucos meses), dando prioridade aos antidepressivos e/ou à psicoterapia. A duração do tratamento está intimamente relacionada à gravidade de cada caso, podendo variar de seis a doze meses, ou até vários anos.

É sempre bom ter em mente que uma dose equilibrada e saudável de ansiedade é vital para nossa existência. Sem ela seríamos absolutamente apáticos, sem vontade de conquistar nada, de marchar sempre em frente para que a vida faça sentido, mesmo com todas as vicissitudes. Planejar o futuro com metas e estratégias é extremamente benéfico, pois nos mostra a direção a seguir, além de ajudar a prever as dificuldades que poderão surgir. Porém, assim como quando estamos famintos ficamos impossibilitados de selecionar os alimentos mais adequados, saborosos e saudáveis para saciarmos nossas necessidades básicas, a ansiedade em demasia também pode nos cegar diante de escolhas mais sensatas quanto ao nosso cotidiano e à vida futura.

Estar em um estado permanente de vigília e ansiedade é perder os parâmetros normais da realidade, enfiar os pés pelas mãos, viver aos trancos e barrancos, navegar à deriva em um mar revolto. É tornar-se refém de um sentimento que insiste em nos dominar. É como um cão feroz que se enforca na própria coleira quanto mais se debate para ficar livre dela!

A ansiedade excessiva estabelece uma conexão direta com um futuro que talvez nunca exista. Enquanto isso, não nos damos conta das oportunidades que o presente nos oferece e que estão bem aqui, o tempo todo, ao alcance de nossas mãos. Então, por que não agarrá-las?

Agora a escolha é de cada um!

Dentre os transtornos de ansiedade, o do pânico é o que pode atingir as dimensões mais catastróficas, uma vez que os ataques se constituem como crises agudas de ansiedade, de proporções imensuráveis em um curto espaço de tempo.

8
TRANSTORNO DO PÂNICO: APENAS A PONTA DO ICEBERG

O que é pânico?

Nosso cérebro tem um sistema de alarme que detecta e sinaliza as ameaças e o perigo, e nos prepara para situações em que precisaríamos correr, fugir ou mesmo tomar decisões de forma reflexa e imediata.

Todos nós já passamos por momentos de risco ou perigo em que o coração bate mais rápido e forte. Nossa respiração fica mais intensa; os músculos, tensos; o corpo esquenta e começamos a transpirar. E é graças a essas alterações do organismo que conseguimos tomar atitudes de que pensávamos não ser capazes. Como uma arma, nosso sistema de defesa cerebral tem um gatilho que, ao ser acionado por determinada situação de risco, desencadeia no cérebro uma verdadeira explosão de reações químicas, liberando neurotransmissores[1] como noradrenalina, dopamina e endorfinas, que deixam nosso corpo pronto para enfrentar ameaças concretas.

Algo semelhante ocorre durante uma crise de pânico. Tudo funciona como se houvesse de fato um perigo real: as mesmas alterações bioquímicas, as mesmas sensações e até as ações reflexas e imediatas de medo e insegurança. No entanto, a ameaça real *não existe*! É como se o sistema de alarme do detector de

---

1. Substâncias que conectam as informações cerebrais e preparam o corpo para as ações.

perigo estivesse desajustado e sua programação de disparo para situações necessárias passasse a funcionar em horas inapropriadas. Sem qualquer lógica aparente, necessidade real ou controle, esse alarme dispara de forma repentina, tomando-nos de assalto e deflagrando uma série de sintomas que, ao longo do tempo, transtornarão nossa vida.

É como se nosso despertador, programado para nos acordar todos os dias às sete da manhã, passasse de um momento para o outro a tocar às duas, três ou quatro horas da madrugada, em noites sucessivas. É claro que esses despertares indesejados, com barulhos estressantes, seriam responsáveis por sensações e consequências bastante desagradáveis.

O que sentimos em um ataque de pânico?

Sentimento súbito de terror, sensação de morte iminente, coração disparado, suor intenso, dores no peito, falta de ar, tontura, por vezes acompanhados de sensação de despersonalização, irrealidade ou de que alguma catástrofe vai acontecer! Parece a descrição de um ataque cardíaco, mas não é: trata-se de um ataque de pânico!

De fato, várias pessoas que sofrem de transtorno de pânico são atendidas em salas de emergência de prontos-socorros, para onde são levadas com forte suspeita, ou quase certeza, de estarem tendo um infarto. Lá recebem o diagnóstico de que o coração está em perfeito estado. O caráter aterrorizante do ataque de pânico, em função de seus sintomas, é agravado por seu aspecto imprevisto: ele chega sem dar sinais e passa a dominar a vida das pessoas, que até aquele fatídico momento consideravam-se totalmente saudáveis. A sensação experimentada pelas pessoas que sofreram seu primeiro ataque de pânico é parecida com a da Cinderela depois do baile. De um instante para o outro perdem todo o glamour do luxo, da realeza, do amor, da música e se deparam com um balde de água suja, um trapo de pano e uma vassoura velha quase careca. Esta é a sensação após o primeiro ataque de pânico: é como acordar no meio de um pesadelo que parece não ter fim.

Segundo a Associação de Psiquiatria Americana (APA), em seu último manual,[2] um ataque de pânico é um período de imenso medo, no qual quatro ou mais dos seguintes sintomas se manifestam subitamente:

- palpitações ou taquicardia (ritmo cardíaco acelerado);
- sudorese intensa (suor, sobretudo na face ou cabeça);
- tremores ou abalos musculares;
- sensação de falta de ar ou sufocamento;
- sensação de asfixia ou "nó" na garganta (aperto);
- dor ou desconforto no peito;
- náuseas (enjoos) ou desconforto abdominal (similar à cólica);
- sensação de tontura, vertigem ou desmaio;
- sensação de irrealidade (estranheza com o ambiente) ou de despersonalização (estranheza consigo mesmo);
- medo de perder o controle de seus atos ou enlouquecer;
- medo de morrer;
- sensação de anestesia ou formigamento (parestesias);
- calafrios ou ondas de calor.

---

2. *Manual diagnóstico e estatístico de transtornos mentais: DSM-5*, 5. ed., 2014.

O ataque tem seu momento de maior intensidade, causando desespero em seu portador, em geral por volta de dez minutos após o início, e costuma se estender por cerca de quarenta minutos.

Como sei que estou tendo um ataque de pânico e não um ataque do coração ou um problema sério de saúde?

Se for a primeira crise, muitas vezes é difícil diferenciar um problema do outro, mas, na dúvida, deve-se sempre pecar pelo excesso e ir a uma emergência para avaliação médica e cardiológica (se necessário). Para aqueles que já passaram por isso, dependerá de saber se o indivíduo já teve algum problema de saúde, de quando foi a última crise e se está ou não tratando clinicamente sua ansiedade.

Aqui vão algumas informações que podem ajudar:

1. Se o indivíduo é jovem e saudável e acabou de passar por alguma situação estressante, como assalto, morte ou problema grave de saúde na família, ou mesmo estresse afetivo, devemos desconfiar de um ataque de pânico.
2. Avaliar o nível de ansiedade do indivíduo: o ataque de pânico é o auge da ansiedade, mas apenas a ponta do iceberg. Na maioria das vezes, essas pessoas já estão ou são ansiosas.
3. Caso os sintomas do indivíduo melhorem com algum calmante ou relaxante muscular ou betabloqueadores, ou durem no máximo quarenta minutos, isso também sugere um ataque de pânico.
4. Pacientes que já têm problemas de saúde ou parentes de primeiro grau com histórico de morte súbita, arritmias

cardíacas, cardiopatias e pressão alta devem ser avaliados clinicamente por um médico.
5. Crises que durem mais de quarenta minutos também devem ser avaliadas.
6. Pessoas que não estão com seus exames de rotina em dia, não fazem exames periódicos, possuem um estilo de vida sedentário, estressante ou que têm maus hábitos alimentares e estão com sobrepeso devem aproveitar e fazer um check-up para excluir qualquer causa clínica.
7. O uso de drogas também deve sempre ser investigado. Maconha, ecstasy, cocaína, crack e LSD podem provocar ataques de pânico durante ou logo após o uso. No caso do álcool, os ataques costumam ocorrer no dia seguinte.

Qual a diferença entre um ataque de pânico e o transtorno do pânico?

Muitas pessoas apresentam um único ataque de pânico, que não se repete com o passar do tempo. No entanto, quando esses ataques são frequentes, passam a caracterizar o transtorno do pânico, gerando um círculo vicioso de sensações e comportamentos que acabam por limitar de forma relevante o cotidiano dos portadores. O fato de a pessoa não poder prever a hora ou o momento de um novo ataque de pânico faz com que ela desenvolva uma ansiedade crescente quanto à situação e ao local onde o próximo ataque poderá acontecer. A partir daí, instala-se uma sensação muito peculiar aos portadores de transtorno do pânico, conhecida como "o medo do medo". Além disso, eles tendem a evitar locais ou situações em que outros ataques já ocorreram, por exemplo, banco, carro, cinema, teatro, feiras etc.

O transtorno do pânico está classificado entre os transtornos de ansiedade, isto é, quando a ansiedade se exacerba e assume status de patologia, limitando a vida do indivíduo, fazendo-o sofrer de forma intensa e, às vezes, duradoura. Sem dúvida nenhuma, dentre os transtornos de ansiedade, o do pânico é o que pode atingir as dimensões mais catastróficas, uma vez que os ataques se constituem como crises agudas de ansiedade, de proporções imensuráveis em um curto espaço de tempo.

Existem casos em que o paciente tem crises de pânico, mas não tem transtorno do pânico?

Fazendo uma analogia com o ditado popular "nem tudo o que reluz é ouro", podemos encontrar pacientes que apresentam crises ou ataques de pânico, mas que não sofrem do transtorno do pânico propriamente dito. Separar o joio do trigo não é uma tarefa fácil, requer experiência, pois as crises podem ser originadas por outros motivos e não pelo fato de o paciente apresentar, efetivamente, o transtorno do pânico. Observo, muitas vezes, ataques de pânico em consequência do uso de drogas como cocaína, ecstasy, anfetaminas (remédios para redução do apetite), álcool, maconha etc. Nesses casos, as crises de pânico costumam ocorrer no período de abstinência ou na intoxicação aguda, como é o caso das substâncias estimulantes (cocaína, anfetaminas ou mesmo excesso de cafeína e/ou nicotina).

Na prática clínica, constato que certos pacientes só procuram o consultório por terem apresentado ataques de pânico em plena segunda-feira. Após uma investigação criteriosa, identifico que tais crises ocorreram depois de um final de semana de intensas badalações associadas a abusos de substâncias estimulantes ou drogas, que muitas vezes são companheiras dessas noitadas.

Veja o relato de Maurício, 25 anos, universitário e bancário:

> Sei que sou um cara agitado e ansioso, mas nunca tive maiores problemas com isso. Tenho uma namorada que adoro, trabalho e estudo normalmente, tenho um bom desempenho na faculdade. Não sou santo, sempre gostei de ir a festas e bares nos finais de semana, em que costumo beber, fumar muito e usar algumas "bolas" pra curtir e ficar mais solto e ligado. Porém, de uns tempos pra cá vem acontecendo algo meio estranho. Estou tendo um tipo de ressaca diferente e muito ruim. Sinto falta de ar, dor no peito, meu queixo começa a tremer, os braços ficam dormentes e a sensação é de que vou morrer. Na minha cabeça passam várias coisas ao mesmo tempo e tenho impressão de que posso fazer mal a alguém a qualquer momento. Nunca contei nada pra minha namorada e pros meus amigos, pois fico com vergonha de eles acharem que é frescura ou que sou fraco. Já estou evitando sair com minha turma, pois é uma coisa que não consigo controlar, vem de repente e sinto um mal-estar horroroso.

Além de averiguar as situações de abuso de drogas, o médico também deve realizar uma cuidadosa avaliação clínica para que outras patologias clínicas, que costumam provocar sintomas semelhantes a uma crise de pânico, possam ser descartadas. As principais situações clínicas que devem ser eliminadas antes de firmar o diagnóstico de certeza do transtorno do pânico são:

1. *Hipertireoidismo*: conjunto de sintomas decorrentes do excesso de hormônios da tireoide.
2. *Hipotireoidismo*: diminuição do funcionamento da tireoide.
3. *Hiperparatireoidismo*: caracterizado pelo excesso de funcionamento das glândulas paratireoides.

4. *Prolapso da válvula mitral*: anormalidade cardíaca valvar mais comum, que pode ocasionar fadiga e palpitações.
5. *Arritmias cardíacas*: alterações do ritmo cardíaco normal.
6. *Insuficiência coronariana*: deficiência da artéria coronária, responsável pela irrigação do coração.
7. *Crises epilépticas* (especialmente as do lobo temporal).
8. *Feocromocitoma*: tumor em geral benigno localizado nas glândulas suprarrenais (85% dos casos), com flutuação da pressão arterial, cefaleia, sudorese e palpitações.
9. *Hipoglicemia*: baixo nível de glicose no sangue.

O transtorno do pânico é uma doença dos tempos atuais?

Ao longo dos séculos, observamos que as pessoas têm continuamente sofrido de ataques de pânico. Em 1621 (século XVII), o clérigo inglês Robert Burton escreveu um tratado com mais de mil páginas denominado *Anatomia da melancolia*. Nessa obra, estão descritos diversos estados de ânimo do homem europeu da época. Dentre eles, Burton relata sintomas muito semelhantes aos que hoje conhecemos como ataques de pânico. Sigmund Freud (o pai da psicanálise) foi um dos primeiros a fazer uma descrição minuciosa e apurada dos ataques de pânico. Em 1894, ele descreveu a "neurose de angústia" e afirmou que determinados sintomas agudos eram formas especiais de ataques de ansiedade. Mas entre o final do século XIX e a década de 1980, tanto a medicina quanto a psicologia praticamente ignoraram os ataques de pânico. Finalmente, a partir de 1980, a Associação de Psiquiatria Americana (APA) incluiu os ataques de pânico na terceira edição do DSM (*Manual diagnóstico e estatístico de transtornos mentais*), uma espécie de bíblia dos psiquiatras para diagnosticar os problemas relacionados ao comportamento.

O transtorno do pânico é algo comum entre as pessoas?

Os estudos mais recentes divulgados pela APA indicam que o transtorno do pânico acomete de 2% a 3% da população em geral. No entanto, baseada em minha experiência clínica, mais especificamente de consultório, posso afirmar que ele é o transtorno de ansiedade que mais leva os pacientes a buscarem ajuda médica e psicológica. Entre todos os casos de desconfortos e transtornos psíquicos que chegaram até mim, nesses quase trinta anos de profissão, por volta de 25% deles eram transtorno do pânico. A própria APA relata um percentual expressivo de prevalência nas mais diversas especialidades médicas (saúde mental, neurologia, cardiologia). Isso dá a dimensão exata do sofrimento e do desespero que um indivíduo experimenta durante um ataque de pânico. A partir desse momento, inicia-se um longo período de temor, insegurança e mudança. A época mais comum para que aconteçam os primeiros ataques de pânico é entre 15 e 30 anos de idade, o que não exclui a ocorrência em qualquer outra faixa etária. A recorrência dos ataques faz com que muitas pessoas sintam que não podem continuar a trabalhar ou a ter a mesma vida ativa de antes, por isso não é raro que abandonem carreiras profissionais bastante promissoras.

No início de minhas atividades em consultório, a maioria de meus atendimentos era de pacientes com transtorno do pânico. Na época, começo da década de 1990, os pacientes chegaram a me dar o apelido carinhoso de "Dra. Paniquete", do qual a princípio não gostei muito, pois me soava como nome de chacrete.[3] No entanto, havia um afeto tão verdadeiro naquela denominação

---

3. Dançarina do antigo programa de televisão, comandado pelo apresentador Abelardo Barbosa, mais conhecido como Chacrinha.

que em pouco tempo eu já respondia pelo afetuoso codinome com alegria e um sorriso aberto.

Esse fato é bem fácil de ser compreendido, uma vez que o paciente com ataques de pânico tem muita dificuldade em confiar em algum médico e muito medo de tomar qualquer tipo de medicação. Ele tem *convicção* de que sofre de um problema físico grave e de fundo cardíaco (apesar de os exames estarem normais), e qualquer remédio novo pode ser o golpe fatal para seu já "castigado coração". Vou mais além: se você é médico e examinar algum paciente com queixa de transtorno do pânico em seu consultório sem que ele faça qualquer tipo de restrição à medicação que você prescrever, fique atento. Das duas, uma: ou ele está encenando, de forma magistral, uma doença inexistente com fins duvidosos ou ele já terá decidido internamente que não acredita em nada do que você disse. Provavelmente sairá da consulta em silêncio, fingirá que gostou, mas não retornará, muito menos fará uso de sua prescrição.

Como surge o transtorno do pânico?

Diante do número significativo de "paniquetes" (como eles se intitulavam em nossas terapias de grupo), pude perceber que o pânico não surge da noite para o dia. Ele se constrói lentamente, ao longo de um a três anos (em média), a partir de situações de estresse que se prolongam mais do que o esperado e não caminham para uma solução.

As pessoas que sofrem de transtorno do pânico não costumam relacionar algum fato ou motivo óbvio que justifique a ocorrência dos primeiros ataques de pânico. No entanto, o que se constata na prática clínica é que, na maioria dos casos, existe uma ligação com os eventos da vida do paciente, responsáveis pelo desencadeamento das primeiras crises. Por meio de uma investigação mais acurada, pode-se observar que esses eventos não ocorreram nas últimas horas, últimos dias ou semanas, mas entre seis e dezoito meses antes.

Em geral, as pessoas com pânico ignoram totalmente essa ligação com eventos passados, por isso resolvi denominá-la *fio invisível*. Todavia, a conexão existe, e os pacientes normalmente fracassam em correlacionar os acontecimentos, o que demonstra estarem procurando no lugar ou no tempo errado. É muito raro que olhem para um período de tempo superior ao dia anterior na tentativa de explicar seus ataques de pânico. Essa é a razão pela qual os pacientes não conseguem estabelecer a ligação correta, uma vez que enquadram os fatos com um enfoque temporal distorcido.

É preciso olhar à meia distância quando se quer desvendar os fatos reais que desencadearam os primeiros ataques de pânico. A maioria dos pacientes responde "não" quando pergunto se houve algum acontecimento significativo em sua vida na ocasião da primeira crise de pânico. No entanto, conforme vão descrevendo os meses anteriores ao primeiro ataque, acabam revelando os mais diversos tipos de eventos: rupturas de casamentos, cirurgias de emergência, acidentes graves, a morte de um ente querido (pai, mãe, irmão), doenças crônicas, relações afetivas conflituosas e agressivas, problemas profissionais etc. É óbvio que, naquela ocasião, essas pessoas estiveram sob um estresse intenso e prolongado e, por conta disso, o organismo preparou toda uma reação, visando muni-las de força e coragem para enfrentarem os acontecimentos traumáticos.

As demandas aumentadas de desempenho físico e mental a que as pessoas estão sujeitas quando são expostas a eventos traumáticos são suportadas pelo organismo por um determinado período de tempo, que varia de pessoa para pessoa. Porém, existe um momento em que esse frágil equilíbrio é quebrado e a "reação do medo", acionada pelo organismo, passa a ser disparada sem qualquer motivo imediato. Surgem, então, os recorrentes ataques de pânico que transtornam de forma abrupta a vida do indivíduo.

É interessante perceber que o estresse é prolongado, porém o aparecimento da crise de pânico em si é súbito e toma conta do paciente de assalto, roubando sua paz e mergulhando-o num universo catastrófico onde a "morte" vive à espreita.

O ataque de pânico tem origem no aparelho cerebral do medo, que, por diversos fatores, inclusive por estresse crônico, pode se "desregular" e desencadear alarmes falsos em situações que em geral não representam qualquer tipo de ameaça ou perigo real.

Diversas estruturas do cérebro fazem parte desse sistema complexo que envolve o medo, a ameaça, o risco ou o perigo: o córtex pré-frontal, a ínsula, o tálamo, a amígdala e o tronco cerebral (ver figura 6, à p. 261). Tais estruturas são responsáveis pelo disparo e pela condução dessas reações, intermediadas pelos citados neurotransmissores.

Os motivos geradores do estresse de médio e longo prazos que culmina no transtorno do pânico podem ser de diversos aspectos; no entanto, a observação atenta de mais de 3 mil casos em minha clínica no Rio de Janeiro me fez constatar que o estresse afetivo é o grande vilão dessa história. Na realidade, isso não me causa nenhum espanto, pois o ser humano tem, em sua essência, essa condição: a de se relacionar, se deixar afetar pelo outro, tanto de forma íntima quanto pessoal ou profissional. E isso vale para qualquer ser humano em qualquer lugar de nosso planeta, seja nas grandes cidades, nas zonas rurais, nos desertos da África ou nas geleiras da Antártida. Onde houver estresse prolongado, de caráter afetivo, haverá grande possibilidade de encontrarmos seres humanos com transtorno do pânico.

Esse transtorno é mais comum em mulheres ou em homens?

De acordo com a APA, as mulheres são mais acometidas do que os homens em uma proporção de 2:1. E a causa exata dessa diferença até hoje não é satisfatoriamente compreendida.

Esse tipo de transtorno é genético? Pode passar para os filhos?

É importante destacar a significativa presença de uma propensão genética ao transtorno, uma vez que existe maior incidência do problema entre pessoas em cuja família existem casos semelhantes. Porém, não é necessário ter alguém da família com pânico para desenvolver esse transtorno.

Considerando as pesquisas e os dados estatísticos divulgados pela APA, em função da alta frequência desse transtorno observada em nosso meio, qualquer um tem a probabilidade de, ao menos, ser acometido por um ataque de pânico em algum momento de sua existência.

Como diagnosticar esse transtorno?

É muito importante que o diagnóstico do transtorno do pânico seja realizado por um profissional com larga experiência no trato com pessoas portadoras de transtornos ansiosos e com vasto conhecimento das patologias clínicas em geral. Dessa forma, ele poderá solicitar uma série de exames de rotina a fim de descartar qualquer possibilidade de que as crises sejam provocadas por outras doenças. Assim, esse profissional poderá realizar o diagnóstico preciso por meio do diagnóstico diferencial e conduzirá o paciente com pânico para um tratamento eficaz ou o encaminhará a outro especialista de maneira adequada.

Podemos constatar o sofrimento vivenciado por Cristiane, 31 anos, comerciária, diante desse terrível desconforto:

> Há seis anos, durante um almoço com um colega de trabalho, passei por uma das piores coisas do mundo. Tudo estava na mais perfeita tranquilidade quando, de repente, sem mais nem menos, uma sensação horrível e angustiante tomou conta de mim. Começou com uma tontura, depois tudo ao meu redor ficou estranho (as pessoas, o ambiente), e pensei que estivesse enlouquecendo. Minha vontade era fugir dali, mas perdi o controle e desabei num choro compulsivo. Tive absoluta certeza de que iria enfartar, morrer. Um mal-estar indescritível, tudo era muito intenso!
>
> Meu corpo suava, eu sentia enjoo, dormência na nuca, meu coração disparava e eu me sentia sufocada. Medo! Ninguém conseguia fazer aquele desespero parar, e meus pensamentos eram os mais terríveis. Não fazia a menor ideia do que poderia estar acontecendo e jamais me esqueci dessas cenas de horror. Tempos depois, as crises voltaram, cada vez com mais frequência. Meus pais também se desesperavam, percorríamos os prontos-socorros e as clínicas cardiológicas. Fiz todos os exames solicitados e o diagnóstico era sempre o mesmo: estresse. Convivi com isso por cinco anos, o que me impediu de trabalhar, sair sozinha e dirigir. Passei a me informar sobre o assunto e procurei um psiquiatra. Fui diagnosticada com transtorno do pânico e iniciei o tratamento. Hoje já me sinto muito mais segura e levo uma vida quase normal.

Infelizmente, o portador do transtorno do pânico pode levar muito tempo até receber diagnóstico e tratamento adequados. Tais pacientes costumam fazer uma via-crúcis a diversos especialistas médicos e, após uma quantidade exagerada de exames complementares, muitas vezes recebem o desolador diagnóstico do *nada*, que costuma ser seguido por tapinhas nos ombros e frases proféticas: "Você está ótimo, não tem nada, seus exames são espetaculares!"; "Isso tudo é da sua cabeça, relaxe"; "Viaje um final de semana e tudo voltará ao normal". Quem tem pânico sabe muito bem que o tal *nada* mencionado com veemência por muitos médicos e psicólogos pode ser responsável por *todo* o sofrimento do mundo em um curto espaço de tempo: os minutos que duram a crise de pânico.

Além disso, o *nada,* ao se repetir, muda de forma dramática *toda* uma vida de planos, sonhos e realizações.

O transtorno do pânico geralmente vem sozinho ou acompanhado?

É muito comum que o transtorno do pânico venha acompanhado de outras alterações comportamentais, denominadas *comorbidades* ou transtornos secundários. Na realidade são problemas que, com o passar do tempo, o transtorno do pânico acaba carregando "debaixo do braço", dificultando ainda mais a vida do indivíduo.

Outros transtornos de ansiedade (como as fobias, a depressão e a hipocondria) são encontrados com frequência nos pacientes com transtorno do pânico. A hipocondria pode ser justificada pela excessiva preocupação com a saúde, que faz com que o indivíduo utilize muitos medicamentos, se submeta a consultas médicas constantes e à realização de uma bateria de exames em curto espaço de tempo. A hipocondria é até esperada nos portadores de transtorno do pânico, já que estes se preocupam muito com seu corpo, seu funcionamento e as reações que ele pode ter.

Quais os prejuízos que o transtorno do pânico pode trazer se não for tratado?

O sofrimento vivenciado por um portador do transtorno do pânico também pode ser deflagrador de grandes prejuízos em diversos segmentos da vida, como veremos a seguir.

Financeiro/profissional

Os gastos financeiros com médicos e exames laboratoriais são expressivos, além de faltas e afastamentos no trabalho e, às vezes, internações em UTI, clínicas e hospitais psiquiátricos, sem nenhum benefício. É também muito comum ocorrerem recusas de promoções por falta de segurança e desmoralização, ou pedidos de demissão e dispensa.

Social

Com a ocorrência sucessiva das crises, o paciente se "recolhe" como um bichinho acuado e se restringe ao convívio familiar. A recusa aos convites sociais torna-se cada vez mais frequente, devido ao receio de que uma crise ocorra a qualquer momento, o que leva automaticamente ao afastamento dos amigos e conhecidos. Além disso, as pessoas de seu convívio social não conseguem entender, de fato, o que se passa com esse paciente, a não ser que ele seja muito amigo ou que já tenha passado ou visto algo semelhante.

Familiar

Após várias consultas médicas e exames que demonstram que o indivíduo não apresenta *nada*, pelo menos aparentemente, os familiares podem supor que todo o sofrimento não passa de falta de força de vontade e acabam por imprimir uma responsabilidade muito grande para que ele supere seus desconfortos sozinho. Além do mais, não é raro que o paciente necessite de companhia para sair ou ficar em casa, o que tolhe a liberdade das pessoas de seu convívio e traz aborrecimentos conjugais ou familiares.

Existe alguma patologia que pode ser desencadeada pelo transtorno do pânico?

A maioria dos pacientes desenvolve níveis variados de ansiedade antecipatória (apresenta sintomas físicos e psíquicos só de imaginar possíveis crises de pânico) e esquiva fóbica (evita se expor a qualquer situação associada aos ataques); em outras palavras, desenvolve o medo do medo. Quando este atinge níveis muito elevados, o paciente passa a sentir verdadeiro terror e, fisicamente, a apresentar todos os sinais e sintomas de uma hiperatividade autonômica (parte do sistema nervoso responsável por descargas de adrenalina), criando uma situação na qual ele vivencia um estado permanente de pânico, mesmo não apresentando os terríveis ataques de fato. O nome que damos a esse transtorno é agorafobia.

Na prática, os medos agorafóbicos mais típicos incluem: usar transporte público (ônibus, trens, metrôs, aviões); estar em meio à multidão, em teatros, elevadores, restaurantes, supermercados, lojas de departamentos ou simplesmente se afastar de casa. Em linguagem coloquial, a agorafobia pode ser descrita como um medo exacerbado que muitos pacientes ansiosos apresentam ao se encontrarem fora de suas zonas de segurança. E é bom destacar que essas zonas podem ser sua casa ou pessoas com as quais o paciente se sente seguro ou protegido.

Com quanto tempo de tratamento o paciente pode parar de ter crises?

Um paciente com pânico bem atendido e assistido em suas intensas necessidades iniciais (por meio de consultas regulares, telefonemas, e-mails, SMS, WhatsApp etc.) é capaz de aderir ao tratamento e apresentar remissão completa de suas crises em pouco tempo (em média de quatro a oito semanas). E, quando isso acontece, ele experimenta uma felicidade contagiante que passa a ser dividida com as pessoas que, agora, ele identifica e com as quais se solidariza em função do sofrimento vivenciado. E, é claro, parte dessa alegria também é compartilhada com seu médico e terapeuta, o que nos abastece de um combustível poderoso para sempre fazer mais e melhor.

O alívio do diagnóstico... e finalmente o tratamento

> Nunca pensei que um diagnóstico pudesse soar tão generoso aos meus ouvidos. Após uma longa jornada, sem rumo e sem esperança, compreendi o que eu tinha. Descobri que poderia melhorar e ter de volta minha vida.

Indubitavelmente, a maioria dos pacientes sente um extremo alívio com o diagnóstico correto, pois encontra justificativas para seus sofrimentos e descobre que pode ser tratada. Nesse aspecto, a empatia do médico ou terapeuta, ao se colocar no lugar do paciente e identificar suas angústias, é de fundamental importância.

Nos tempos atuais, é impensável o profissional frio e insensível, com a postura de quem olha de cima, sem um mínimo de envolvimento. É necessário que os pacientes se sintam acolhidos e respeitados, com uma conduta que se diferencie dos inúmeros contatos anteriores. Muitos deles já chegam ao consultório desesperançosos e fragilizados, uma vez que em inúmeras situações foram avaliados e julgados como indivíduos que têm tantas queixas, mas não apresentam *nada*. Já passou da hora de os profissionais de saúde reverem seus conceitos e entender o "algo mais" que cada paciente carrega consigo. Um indivíduo com pânico não está, definitivamente, diante de uma ameaça *real*, mas seu sofrimento *existe* e é muito expressivo! Além disso, deveria ser da essência de quem cuida de seres humanos ouvi-los com a alma e o coração, já que cada indivíduo tem um histórico de vida, emoções, cultura, hábitos e toda a riqueza de uma experiência humana.

Em meio a tantas informações, algumas corretas e outras sem o menor fundamento, o médico ou terapeuta moderno precisa ser também professor e ensinar de forma simples, clara e confiante tudo o que se passa com esse indivíduo: a evolução de seu quadro clínico, a conduta terapêutica a ser adotada, o tempo de tratamento e sua real necessidade.

A maioria desses pacientes já viveu situações constrangedoras e humilhantes, e o sofrimento não foi pequeno. É comum que eles parem no meio do trânsito, sejam socorridos em pleno voo, interrompam suas compras e passeios, assustem seus familiares e preocupem a todos. Muitos perderam a esperança e a confiança em si mesmos, foram mal compreendidos e já consultaram inúmeros especialistas, sem qualquer explicação ou ajuda eficaz.

A esperança vem com o diagnóstico e o tratamento adequados. Para tanto, é necessário que o médico esteja familiarizado com o assunto e que haja uma boa relação médico-paciente. A partir daí, a conduta terapêutica poderá ser estabelecida, tendo grandes chances de êxito.

Tratamento medicamentoso

No tratamento são usadas medicações que atuam de forma substancial nas crises de ansiedade e na prevenção de novas crises. Desde o início das pesquisas, pôde-se observar que alguns antidepressivos teriam seu mérito no tratamento do transtorno do pânico, como demonstraram experimentos com a imipramina, um antigo antidepressivo tricíclico. Atualmente temos a opção de usar os ISRS (Inibidores Seletivos da Recaptação da Serotonina), que atuam com eficiência comprovada e têm menos efeitos colaterais. Porém, destaco dois pontos importantes no que tange a esses medicamentos: em primeiro lugar, as substâncias conhecidas como antidepressivos têm uma ação segura em uma série de transtornos comportamentais além da depressão. Esse conceito é importante porque muitos pacientes perguntam o motivo de usarem uma medicação dessa categoria, se não se sentem deprimidos. A atuação desses medicamentos no equilíbrio da serotonina (neurotransmissor que traz bem-estar ao indivíduo) e na diminuição da ansiedade tem efeitos muito positivos no quadro do transtorno do pânico e outros quadros ansiosos. Posso citar antidepressivos como a fluoxetina, a paroxetina e a sertralina, além de outros mais modernos, como o citalopram e o escitalopram.

A outra questão se refere ao tempo de ação terapêutica: normalmente, antes de se obter resultados satisfatórios, há um espaço de vinte a trinta dias — chegando em alguns casos a 45 ou sessenta dias. Sendo assim, é imprescindível que o médico oriente seu paciente, advertindo-o inclusive de que no início do tratamento certos efeitos indesejáveis, porém passageiros, podem estar presentes. Essa informação é fundamental, pois alguns pacientes acabam desistindo do tratamento ainda na fase inicial por falta de conhecimento.

Quando, no início da administração da medicação, os efeitos adversos surgirem, os pacientes podem ter a falsa impressão de piora, caso não sejam orientados pelo médico que os assistiu. Além disso, avaliações médicas periódicas são de extrema relevância, já que o vínculo e a perfeita sintonia entre médico e paciente tornam possíveis os ajustes, as trocas ou associações medicamentosas para o melhor conforto do paciente.

Outro tipo de medicação muito utilizada no transtorno do pânico pertence à classe dos benzodiazepínicos (tranquilizantes). De efeito notadamente ansiolítico (que proporciona a diminuição da ansiedade), esses medicamentos possuem a vantagem de ter ação mais rápida, o que traz um importante alívio das crises já no início do tratamento. Além disso, eles também são usados em situações de emergência e em circunstâncias inesperadas (do tipo SOS), o que garante maior segurança aos que sofrem do transtorno. Atualmente os mais usados são o alprazolam e o clonazepam, sendo este último de efeito mais satisfatório na prática clínica.

A experiência demonstra que a associação das duas classes de medicamentos no início do tratamento (antidepressivos e ansiolíticos) é bastante adequada. Aos poucos, procuro suspender o uso dos tranquilizantes, reservando-os somente para emergências, e mantenho apenas os antidepressivos. No entanto, diversas opções de tratamento são válidas, já que outros medicamentos podem ser usados no transtorno do pânico, ou já foram objeto de estudos e pesquisas, tais como os inibidores da monoaminoxidase (IMAOs), os betabloqueadores, a mirtazapina, a venlafaxina. No entanto, sempre é importante observar a máxima de que "cada caso é um caso".

Muitas vezes os pacientes têm dúvidas em relação ao tempo necessário para o tratamento. Tudo depende das características de cada um e das respostas à medicação. Normalmente recomenda-se um ano ou mais de tratamento antes de a medicação ser retirada, para que não haja recaídas. É importante ter em mente que não há nenhuma consequência mais grave em decorrência do uso prolongado da medicação, sobretudo no que concerne aos antidepressivos. Os pequenos incômodos, ou efeitos adversos, são bem menores do que o alívio e o benefício geral alcançados com o controle das crises.

Tratamento psicoterápico

Outra conduta não medicamentosa e que considero fundamental no tratamento do transtorno do pânico é a terapia cognitivo-comportamental (TCC). A pessoa que sofre de pânico tende a experimentar uma sensação de perigo constante e ter interpretações distorcidas dos sintomas físicos, o que acaba acarretando, no início, a esquiva das situações nas quais os ataques ocorreram. Os sintomas físicos, como sensação de sufocamento, aumento do batimento cardíaco, suor, dentre outros, são supervalorizados e interpretados como um aviso de perda de controle ou morte iminente.

Portanto, a terapia de base cognitivo-comportamental irá restabelecer o pensamento do paciente em relação à sua segurança, à avaliação das crises, ao medo de outras crises e à agorafobia, além de fornecer exercícios que facilitam o controle da ansiedade e da própria crise, caso ela ocorra. A TCC trabalha métodos que envolvem controle da respiração, relaxamento, exposição às situações que trazem temores ao paciente e reestruturação cognitiva (mudança na maneira de pensar). A terapia traz o auxílio necessário na descoberta dos pensamentos automáticos e como modificá-los, alterando assim os sentimentos decorrentes deles, com benefícios no controle do comportamento.

Ela tem por objetivo estudar as condições nas quais se desenvolveram as crenças pessoais que, no momento, estão causando sofrimento ao paciente, impedindo-o de solucionar seus problemas e conflitos e, assim, ajudá-lo não somente a entender seus desconfortos, como também solucioná-los. Com essa abordagem, o terapeuta funciona como uma espécie de "técnico" ou "treinador", com o qual o paciente aprende a ver de forma diferente seu transtorno, dando uma nova interpretação aos fatos e sintomas que o acompanham.

Outra estratégia muito utilizada é a exposição *interoceptiva*, na qual o paciente experimenta as mesmas sensações físicas percebidas no momento de um ataque de pânico, mas agora em ambiente seguro como o consultório ou sua casa, na presença de pessoas conhecidas e confiáveis. Portanto, exercícios como rodar rapidamente em uma cadeira giratória não são coisas de "maluco", mas, sim, uma das técnicas utilizadas para que o paciente se habitue à sensação de tontura que, muitas vezes, está presente numa crise de pânico.

A seguir, estão relacionadas algumas dicas que podem ser muito úteis ao paciente no momento de crise:

- Quando a crise começar, procure se lembrar de que irá sofrer e ter medo, mas essa angústia é passageira e você não morrerá.
- Se estiver em casa, procure se deitar, relaxar e de preferência ouvir uma música ou utilizar técnicas de relaxamento.
- Tenha absoluta certeza de que a crise não durará muito tempo, apenas alguns minutos. Embora pareça uma eternidade, o pico máximo da crise chega em dez minutos. Depois, os sintomas indesejáveis diminuirão paulatinamente até desaparecerem por completo.

- Quanto mais você relaxar, mais rápido passará a crise.
- Procure fazer a "respiração diafragmática", que consiste no seguinte:
a. coloque uma das mãos na barriga e outra na região do peito;
b. inspire profundamente, procurando distender apenas o abdômen e não a região do peito;
c. ao expirar, solte o ar pela boca até sentir sua barriga totalmente vazia;
d. inspire suavemente pelo nariz (contando até três) e expire pela boca por um período maior (contando até seis). O ar não deve ser soprado no momento da expiração.

Tratamentos complementares

Além dos tratamentos medicamentoso e psicoterápico, existem outros tratamentos complementares que podem ser úteis. Em casos graves e refratários, ou naqueles que têm intolerância a medicamentos, a Estimulação Magnética Transcraniana Repetitiva (EMTr) é uma opção, apesar de ser *off-label*[4] para o tratamento de transtorno do pânico.

Para casos leves a moderados e para diminuir fisiologicamente os níveis de ansiedade, a Meditação Transcendental é uma técnica que se mostra eficaz quando praticada com regularidade.

O biofeedback e o neurofeedback são outras possibilidades não medicamentosas e com resultados bastante satisfatórios no controle das crises.

---

4. Quando há melhora dos pacientes em pesquisas, mas os resultados ainda são insuficientes para uma indicação formal.

A ioga e outras técnicas de meditação, como *Mindfulness* (Atenção Plena), também são boas escolhas para melhorar o quadro ansioso.

Existem também alguns grupos de apoio que servem de acolhimento, como o Grupo Sem Transtorno!, por exemplo. O site e a página do Facebook desse grupo são os seguintes: <www.sem-transtorno.com.br> e <www.facebook.com/SemTranstorno>.

Esperança e vida que retornam

Segue o relato de Rosiane, 32 anos, que traduz, de forma precisa, o resgate da esperança e da qualidade de vida após receber o diagnóstico e realizar um tratamento bem-sucedido.

> Depois de sofrer por vários anos e não ter a menor ideia do que se passava comigo, encontrei uma conhecida que não via havia tempos. Expliquei toda a minha angústia e, por coincidência, ela já havia passado pelo mesmo problema e, graças ao tratamento, estava se sentindo ótima. Então eu não era a única, pensei! Existia um nome para aquele mal-estar, diferente de todos os rótulos que eu já tinha ouvido. A alegria foi tão intensa que meu desejo era me consultar imediatamente com o psiquiatra que ela me recomendou. Naquela noite, fui tomada de uma forte emoção, uma vontade enorme de viver! Abraçava meus filhos de forma diferente e beijava-os o tempo todo. Queria dizer-lhes o quanto eu estava feliz por ter ouvido que existia um tratamento para aliviar meu sofrimento. Dois dias depois, lá estava eu no consultório médico falando tudo o que eu passava. Senti um respeito, um carinho, uma solidariedade que nenhum profissional havia demonstrado antes. Ele me explicou todo o processo do pânico e me disse algumas palavras que guardo até hoje: "O transtorno do pânico é tratável

e você vai ficar bem. Você vai ver o mundo de outra maneira e ele será agradável e seguro pra você, confie!".

Hoje tomo medicamentos controlados, mas não os vejo como inimigos e sim como aliados, pois sei que são necessários, por enquanto. Realmente minha vida tem outro sabor. Estou tentando recuperar o tempo perdido. Às vezes me pego rindo sozinha e hoje olho pela janela e admiro a chuva, o vento e tudo o que temia, sem o menor motivo para isso.

Não há dúvida de que há um longo caminho a percorrer até a descoberta da real causa do transtorno do pânico e para que o tratamento seja uma tarefa menos espinhosa para quem sofre do problema. Contudo, vale ressaltar que a informação é uma peça-chave para isso e, por mais que se fale sobre o assunto, ainda é muito pouco diante do sofrimento com que me deparo diariamente em meu consultório.

A tendência é sempre estigmatizar qualquer condição ou problema que afete nosso cérebro. No entanto, quem sofre de pânico e hoje recebe ajuda especializada sabe a verdadeira importância de cortar esse ciclo vicioso e ser novamente o timoneiro da própria vida. O pânico "cutuca e machuca", e quem é da família sabe que respinga em todo mundo.

A reconstrução

Para as vítimas do pânico, o problema parece confuso e ilógico. Porém, quando elas começam a compreender a reação involuntária de medo que nosso organismo tem para nos proteger, tudo passa a fazer sentido.

A vida de quem sofre desse transtorno gira em torno do pânico e do medo. Mas é importante saber que é possível superar tudo isso, sair da órbita aterrorizadora do medo e voltar a ter uma vida normal. No entanto, quando isso acontece, a pessoa geralmente necessita fazer alguns rearranjos em seu cotidiano. Os anos de concentração em torno do pânico frequentemente significam que o indivíduo deixou de lado muitas coisas que faziam parte de sua vida (profissão, lazer, família etc.) e que davam sentido à sua existência.

É muito importante deixar bem claro que o transtorno do pânico não prejudica de modo permanente suas funções mentais. Estas permanecem incólumes, mesmo após as piores experiências de pânico. A concentração, a memória, as capacidades intelectuais, a alegria e a sensação de bem-estar são apenas temporariamente suprimidas pelo medo. Nenhuma delas se perde de forma permanente. Tudo pode ser recuperado, e até mesmo melhorado, com a superação do pânico.

A citação do filósofo alemão Friedrich Nietzsche resume bem o processo do sofrimento, crescimento e encorajamento aos pacientes do transtorno do pânico: "O que não me mata me fortalece".

Muitos pacientes que buscam atendimento médico para tratar suas compulsões já apresentavam altos níveis de ansiedade, mas que não foram devidamente tratados.

9
ANSIEDADE: O COMBUSTÍVEL PARA AS COMPULSÕES

Qual a relação entre ansiedade e compulsão?

Por mais que a compulsão e a ansiedade excessiva sejam transtornos diferentes, quase sempre há uma relação íntima entre os dois. O mecanismo cerebral da compulsão não é o mesmo que o da ansiedade, ou seja, uma pode existir sem que a outra esteja presente. No entanto, quando coexistem, elas passam a trabalhar em conjunto, o que faz com que a ansiedade funcione como um combustível que alimenta a compulsão, e a falta de controle causada pela compulsão é motivo para que a ansiedade se exacerbe.

A compulsão nada mais é que um comportamento repetitivo adotado pela pessoa para ter prazer. Mas, de forma excessiva, pode se tornar incontrolável, configurando-se em um transtorno ou doença que traz prejuízos significativos em setores importantes da vida: afetivo, social, profissional e acadêmico. De forma prática, tal comportamento pode ser comparado a um carro, que tem um motor de arranque para dar a partida — como um empurrão ou um impulso para o início de qualquer ação — e um freio para que ele pare. Quando o freio está desregulado ou apresenta algum problema, é claro que demandará muito mais esforço para que o carro realmente pare.

No caso das compulsões, o funcionamento é semelhante: a pessoa inicia uma atividade por impulso, a fim de ter prazer ou sensação de bem-estar e, com o tempo, o freio começa a falhar, a ponto de ela precisar de um empenho extra para controlar suas atitudes. Tudo isso gera muito estresse, o que, por consequência, alimenta a ansiedade. As pessoas que sofrem de compulsões têm uma dificuldade enorme de pôr um ponto-final nas atividades que iniciaram.

Porém, apesar de o problema no freio ser responsável por uma carga considerável de estresse, o que mais retroalimenta a ansiedade são os pensamentos repetitivos sobre o objeto da compulsão ou do que se deseja fazer. Quando já existe um transtorno deflagrado por alguma compulsão, esses pensamentos intrusivos e repetitivos refletem o que chamamos de "fissura" (um desejo incontrolável). São esses pensamentos obsessivos e indesejáveis que fazem com que o compulsivo só pense em repetir aquela ação. E quando a fissura está presente, infelizmente, a dependência (ou vício) já se instalou.

Como se não bastasse, a fissura é capaz de injetar mais gasolina em nosso "motor de arranque", facilitando que o "carro" pegue e saia sem controle. Essa facilidade de "arrancar com tudo" nada mais é do que uma analogia para nossa impulsividade. Sendo assim, fica mais fácil entender por que pessoas impulsivas têm uma tendência maior de se tornarem compulsivas. Nesse contexto, a ansiedade se torna um combustível mais inflamável ainda: quanto mais elevada ela estiver, maior é o poder de arranque, dificultando frear o descontrole. E quanto mais compulsiva a pessoa for, mais pensamentos obsessivos (fissura) ela terá, aumentando os níveis de ansiedade. É um ciclo vicioso explosivo!

Essa íntima relação entre um problema e outro faz com que, muitas vezes, a ansiedade excessiva seja percebida apenas quando um quadro de compulsão já se instalou. Muitos pacientes que buscam atendimento médico para tratar suas compulsões já apresentavam altos níveis de ansiedade, mas que não foram devidamente tratados. É importante ressaltar que a compulsão, seja ela qual for, é um quadro muito mais grave e mais difícil de ser controlado do que a ansiedade em si. Quanto sofrimento e prejuízos poderiam ter sido evitados!

Tipos de compulsões mais comuns

A seguir estão relacionadas as compulsões mais comuns presentes em adultos:

- alimentar;
- internet, redes sociais;
- drogas;
- jogos;
- compras;
- sexo;
- onicofagia (compulsão por roer as unhas);
- dermatilomania (compulsão por escoriar a pele; em inglês, *skin picking*);
- tricotilomania (compulsão por arrancar os cabelos).

As compulsões mais comuns em crianças e adolescentes são:

- jogos eletrônicos, internet e redes sociais;
- onicofagia (compulsão por roer as unhas);
- alimentar;
- tricotilomania (mania de arrancar os cabelos).

Compulsão por jogos, internet e redes sociais

É cada vez maior o número de pessoas, sobretudo crianças e adolescentes, viciados em jogos eletrônicos, internet e redes sociais. Muitas vezes, ouvimos de indivíduos em tal condição que se sentem "nus" quando não estão conectados ao celular. Sentem-se ansiosos, com um sentimento "de falta" ou de incompletude. Isso demonstra o quanto estamos, dia após dia, mais dependentes dessa conexão virtual, preocupados em sermos vistos, lembrados e até amados por meio da interação em redes sociais. Quando uma pessoa, por alguma razão, é impedida de usar o celular e passa a sentir sintomas característicos da abstinência (ansiedade, irritabilidade, insônia, mal-estar etc.), podemos suspeitar de que já existe certo grau de dependência e compulsão. Em crianças, o quadro se torna bem mais crítico, já que estão em fase de desenvolvimento e a socialização com outras crianças e adultos na vida real é muito importante para o aprimoramento de suas habilidades sociais e emocionais. Temos de ter em mente que a socialização presencial não pode ser substituída pela eletrônica.

Em casos graves, pode-se observar crianças e adolescentes que passam horas e até dias ininterruptos sem comer, beber água ou tomar banho em função do estímulo e da interatividade com um ou mais adversários. Na Coreia do Sul, país onde surgiram as lan houses, sete pessoas morreram de parada cardíaca ou exaustão enquanto jogavam na internet, em 2005.[1] De lá para cá, a dependência por jogos eletrônicos cresceu de forma assustadora, sobretudo entre crianças de 9 a 12 anos de idade. Em 2011, o governo sul-coreano criou uma lei, bastante polêmica, que proíbe o uso de video games, tanto on-line quanto off-line, por menores de 16 anos durante a madrugada. É lógico que a aplicação dessa legislação é complexa, já que o governo não tem controle sobre os jovens, e, por outro lado, os pais, ONGs e outros segmen-

---

1. *Revista Galileu*, n. 187, fev. 2007.

tos não estão satisfeitos com essas medidas, consideradas uma ameaça à liberdade das pessoas.[2]

Polêmicas à parte, o fato é que o quadro do compulsivo em jogos virtuais é grave e necessita de tratamento psicoterápico aliado a medicamentos específicos para compulsão e outros problemas psiquiátricos associados.

O uso diário prolongado (mais de duas horas) de aparelhos eletrônicos, seja para jogos, seja para a socialização, já são suficientes para que crianças e adolescentes se tornem vulneráveis a desenvolver um quadro de dependência digital. Como consequência, apresentarão baixo limiar à frustração, aumento dos níveis de ansiedade, pensamentos obsessivos (fissura), instabilidade de humor, irritabilidade e até agressividade, que podem culminar em um ataque de fúria. Como qualquer droga, o uso da internet, das redes sociais e de jogos eletrônicos serve, para muitos, como alívio imediato ou válvula de escape e fuga da realidade, de seus sentimentos ou pensamentos. No entanto, em longo prazo, além de causar efeitos prejudiciais para o organismo, não ajudam de forma construtiva no enfrentamento das dificuldades inerentes à vida. Sendo assim, devemos prestar atenção nos motivos que levam nossas crianças e jovens a buscar tais mecanismos para distração e lazer, em especial quando gastam um tempo considerável nesse tipo de atividade.

Devemos ensinar às crianças, com exemplos práticos no dia a dia, que a vida não gira em torno da internet e dos jogos, e que nada substitui as atividades lúdicas ou físicas ao ar livre, bem como o

---

2. O Globo on-line. Disponível em: <https://oglobo.globo.com/sociedade/tecnologia/coreia-do-sul-proibe-adolescentes-de-jogar-videogame-de-madrugada-3312676>. Acesso em: 19 jun. 2017.

contato presencial com outras pessoas. Nessa faixa etária, em que o cérebro ainda está em formação, o vício causado pelo uso excessivo das ferramentas digitais é um quadro muito mais difícil de reverter do que quando tal comportamento acontece durante a fase adulta.

Compulsão por compras

Conhecida como *oniomania*, a compulsão por compras é um vício comportamental crescente em nossa cultura consumista, que acomete um número expressivo de pessoas em todo o mundo. Quem sofre de compulsão por compras sente um desejo incontrolável de comprar objetos, sem necessidade e de forma exagerada e, no ato da compra em si, experimenta um grande sentimento de alívio ou prazer, seguido de culpa diante do fracasso de não resistir à tentação de comprar. Logo em seguida, o comprador compulsivo é novamente tomado por uma sensação de ansiedade extrema, que só é aliviada com novas compras. Por motivos óbvios, a compulsão por compras é muito mais comum em adultos, embora crianças e adolescentes também possam sofrer do mal, sobretudo quando há alguém que os banque e alimente o impulso de comprar. O acesso fácil a cartões de crédito e/ou dinheiro de pessoas muito jovens e adolescentes que tenham uma predisposição genética à compulsão também contribui para aumentar o número de compradores compulsivos nessa faixa etária.

Renata, de 42 anos, manicure, casada, fala sobre o sofrimento que vivenciou com esse tipo de compulsão:

> Desde que comecei a trabalhar num salão de beleza em Ipanema e ganhei meu primeiro salário, tive problemas pra controlar meus gastos. Minha mãe sempre me criticava, dizendo que eu não sabia guardar dinheiro, que torrava tudo que ganhava com bestei-

ras, e que desse jeito eu nunca iria juntar grana pra montar minha laje. Mas quando tive meu primeiro cartão de crédito, isso piorou muito, a ponto de eu ter que pegar dinheiro emprestado pra comprar comida no trabalho, e acabava comprando só porcaria: chocolate, biscoito, hambúrguer, congelados, sem nenhum critério. Quando morava com minha mãe, eu não precisava me preocupar com contas pra pagar ou despesas da casa. Mas depois que engravidei e me juntei com o Carlinhos, o negócio começou a desandar de vez. Fiz tantas dívidas pra fazer o enxoval da Rayanne que me senti superculpada de ter que esconder isso do meu marido. Depois que contei, deu o maior rolo. Além do mais, eu comecei a comer sem parar e a engordar, já que era mais barato comprar comida do que blusas, sapatos, bijuterias ou seja lá o que for. Pegava dinheiro emprestado de qualquer pessoa, até de agiotas. Esse problema virou um "pepinão" difícil de desenrolar, até que uma amiga me deu a dica de procurar ajuda, pois me achava ansiosa demais.

O comprador compulsivo muitas vezes contrai dívidas monstruosas e se envolve em situações que se tornam uma bola de neve de problemas em sua vida e na de seus familiares. Assim como em outras compulsões, a compra compulsiva também age como uma válvula de escape para problemas e emoções, devido à sensação de realização promovida em um curto espaço de tempo, e como motivo de distração. Aqueles que têm compulsão por compras apresentam níveis tão altos de ansiedade e tamanha dificuldade para enfrentar seus problemas que frequentemente acabam sofrendo de outros quadros de compulsão, como pudemos observar no caso da Renata.[3]

---

3. Esse tema é abordado com muito mais profundidade e ênfase em meu livro *Mentes consumistas: do consumismo à compulsão por compras.*

Compulsão alimentar

Também conhecida como Transtorno da Compulsão Alimentar Periódica (TCAP), trata-se de um transtorno alimentar que se caracteriza pelos seguintes comportamentos e sintomas:

- comer rápido;
- não engolir a comida;
- comer em demasia e sentir-se sempre empanturrado;
- falta de sensação de saciedade após comer;
- passar mal por comer em excesso;
- ganho de peso;
- pensamentos recorrentes referentes à comida;
- fome e apetite elevados;
- sentimento de culpa após comer;
- episódios de "orgias" alimentares;
- dificuldade de parar de comer.

Embora nem todo compulsivo alimentar apresente todos esses sintomas, o sentimento de culpa, a sensação de estufamento abdominal após as refeições por comer em excesso e a dificuldade em resistir e frear o ato de comer são características sempre presentes.

A maioria dos pacientes que me procura para tratar de TCAP já sofria de altos níveis de ansiedade antes de ser levada à compulsão. Já em crianças, o sentimento de culpa nem sempre está presente, mas os sinais de intensa ansiedade são bem evidentes. Caso não recebam o tratamento adequado, elas podem desenvolver obesidade, bem como apresentar transtornos de ansiedade em geral, depressão, entre outros problemas orgânicos que prejudicam a qualidade de vida e se refletem na vida adulta de forma bastante desagradável. Ressalto que crianças que entram na puberdade com sobrepeso ou excesso de peso têm grandes chances de permanecer obesas ou sofrer do famoso *efeito sanfona* (oscilação de peso) pelo resto da vida.

Compulsão por drogas e sexo

Muitas pessoas têm o hábito de beber, fumar, fazer uso de tranquilizantes e drogas ilícitas, como a cocaína, maconha, entre tantas outras disponíveis, para descontrair e como forma de automedicar-se para aliviar o estresse, a ansiedade ou para anestesiar sentimentos dolorosos. No entanto, acabam gerando um problema bem mais grave e de difícil controle: tornam-se escravas dessas ferramentas, que passam a ser itens obrigatórios para que elas se sintam bem. Pior: em muitos casos, a busca desesperada pela automedicação pode se tornar um caminho sem volta e, infelizmente, com final trágico.

Com o sexo não é diferente. A compulsão sexual caracteriza-se por comportamentos e atos sexuais praticados de forma repetitiva e costuma se intensificar em momentos de mais estresse e ansiedade. É óbvio que não é a alta frequência da prática sexual que determina se o quadro é normal ou patológico, mas o sofrimento que ele é capaz de gerar. Quem é compulsivo por sexo apresenta pensamentos obsessivos e intrusivos, o que o leva a sair em busca de prazer para aliviar a ansiedade, de forma impulsiva e sem qualquer controle. Após o ato sexual, a pessoa sente muita culpa e vergonha por não controlar os impulsos, porém, em seguida, ela é novamente tomada por uma ansiedade angustiante, que só é aliviada com o ato sexual. Essa busca insaciável pelo prazer e os pensamentos que dominam por completo o compulsivo sexual interferem de forma drástica em todos os setores de sua vida.

Onicofagia, dermatilomania e tricotilomania

Gabriel, estudante de 12 anos, chegou ao meu consultório trajando um boné que escondia parcialmente o rosto. A princípio, pensei que estivesse fazendo quimioterapia, pois estava sem sobrancelhas, e o fato de não ter tirado o boné poderia esconder uma queda acentuada de cabelo. Mas, durante nossa conversa e depois de hesitar um pouco, Gabriel me confessou que foi até lá, a pedido dos pais, porque estava ficando careca de tanto arrancar os cabelos e de puxar as sobrancelhas. Ele não soube me relatar se havia algum histórico de compulsão e ansiedade importantes, porém notei que também roía as unhas havia bastante tempo, pelo aspecto da ponta de seus dedos e da pele ao redor. Ao ser questionado, Gabriel disse que tinha essa mania desde a infância, mas que nunca imaginou que fosse sinal de ansiedade, muito menos de compulsão.

Onicofagia é o termo médico empregado para o ato de roer as unhas compulsivamente, que pode ser tanto das mãos quanto dos pés. Tal como Gabriel, a maioria das pessoas carrega esse hábito desde criança, por volta de 4 ou 5 anos, causando ferimentos nos dedos até ficarem em carne viva, de tanto arrancar as lascas de unhas e morder a pele dos cantos. Esse tipo de comportamento evidencia que a criança já tem uma personalidade ansiosa. Deve-se também avaliar se ela é tímida ou fóbica social, apresenta algum medo específico, sofre de ansiedade de separação, tem baixa autoestima ou se já se sente culpada por algum motivo. Além disso, é importante que, durante a investigação, exclua-se a possibilidade de ela conviver em um ambiente familiar estressante, ou qualquer fator que possa ser causador de um quadro de ansiedade. Vale ressaltar que as feridas abertas ao redor das unhas também podem ser portas de entrada para bactérias e fungos, que agravam o problema e dificultam tarefas simples como digitar e escrever.

Dermatilomania, nome tão complicado de pronunciar e difícil de gravar, nada mais é que a compulsão por escoriação da pele ou, em inglês, *skin picking*, que significa "cutucar a pele". Pessoas que sofrem dessa compulsão passam horas cutucando a pele ou a cabeça, como se estivessem sempre se coçando, mas sem nenhum motivo. Acabam, assim, escoriando a pele e deixando diversas marcas pelo corpo. É bastante comum que elas também arranquem as casquinhas de machucados, abrindo feridas em cima de feridas.

A tricotilomania tem como característica principal o impulso incontrolável de arrancar ou puxar o próprio cabelo, como se fosse um tique, com o intuito de aliviar e controlar a ansiedade que sentem. As pessoas que sofrem desse tipo de compulsão têm um comportamento tão automático e repetitivo que podem causar grandes falhas no couro cabeludo ou, em casos mais graves, ficar calvas de forma precoce. Alguns pacientes também chegam a arrancar sobrancelhas, cílios, pelos do corpo, barba ou pelos pubianos. Esse comportamento causa diminuição da autoestima, fazendo com que as pessoas passem a usar chapéus, bonés ou adotem um penteado diferente para disfarçar. Outras deixam de sair de casa, de se relacionar ou praticar atividades que exponham as falhas no couro cabeludo.

É importante destacar que os transtornos aqui expostos se tornam mais intensos e mais graves quanto maior for o nível de ansiedade. Sendo assim, além do tratamento das compulsões em si, ao mesmo tempo é preciso tratar a ansiedade para que haja melhora significativa dos quadros. Lembre-se: ansiedade e compulsão são como fogo e gasolina, uma combinação explosiva. Por isso mesmo é tão importante estarmos atentos aos sinais de ansiedade excessiva, para evitar que os transtornos ansiosos se deflagrem, bem como as compulsões descritas neste capítulo.

A fobia social é muito mais do que simples timidez. Há um medo enorme de se sentir o centro das atenções, de ser permanentemente observado ou julgado de forma negativa.

10
FOBIA SOCIAL: A TIMIDEZ QUE TRAZ SOFRIMENTO

É comum ouvirmos amigos, parentes e até mesmo desconhecidos afirmarem que são tímidos. Uns, ainda que apresentem certa extroversão social, juram que no fundo, bem lá no fundo, são tímidos. Mas, afinal, o que é timidez?

Até hoje, após quase trinta anos de profissão, ainda não consegui elaborar nenhuma definição que possa de fato descrever o que é a timidez. Para meu consolo, pude verificar, ao aprofundar meus estudos nessa dimensão humana tão intrigante, que vários autores e pesquisadores também tentaram elaborar teorias que pudessem desvendar essa faceta do comportamento humano que aflige tantas pessoas.

Apesar de existirem muitas teorias sobre a timidez, ninguém sabe exatamente o que ela significa. Por outro lado, todos são unânimes em reconhecer sua força. Isso porque a timidez pode transformar a existência de uma pessoa. À medida que evolui ao longo da vida, é capaz de estender seus "tentáculos" por todos os aspectos da vivência humana. Isso inclui a vida profissional, por reduzir ou impossibilitar aspirações e desempenhos; as questões pessoais e sociais, por criar dificuldades nos relacionamentos afetivos (noivados, casamentos, criação de filhos); a vida acadêmica; e até o estabelecimento de elos de amizade e companheirismo. A timidez costuma se intensificar à medida que amadurecemos e enfrentamos novos desafios.

No dia a dia, costumamos identificar a timidez pelo desconforto e pelas inibições que as pessoas apresentam em seu comportamento quando estão na presença de outros indivíduos. As manifestações mais comuns e facilmente perceptíveis são: o silêncio, o retraimento físico, o rubor na face (vermelhidão no rosto), a gagueira na fala e a sensação de ansiedade. Quando utilizo a expressão "inibição do comportamento", refiro-me à timidez que pode ser observada na forma de quietude, do afastamento das pessoas ou ambientes agitados.

Em minha prática clínica diária, pude observar que os tímidos ficam inibidos ou retraídos quando enfrentam o "novo", principalmente em situações sociais não familiares. Eles se preocupam excessivamente com seu desempenho social e também com o julgamento que as pessoas farão de seu comportamento. Para eles, situações sociais são eventos imprevisíveis e incontroláveis.

Constato também que a maioria das pessoas tímidas tende a seguir rotinas rígidas e antigas, uma vez que já foram vivenciadas e testadas. Os tímidos agem de forma relativamente constante com o intuito de evitar as novidades e as incertezas do cotidiano. Como em uma luta, criam uma tática de fuga ou evasão para se sentirem mais seguros. No entanto, essa mesma segurança acaba limitando muito as possibilidades de experiências de vida, contribuindo para alimentar ainda mais a engrenagem da timidez. É aquela velha história de que tudo na vida tem seu lado positivo e seu lado negativo: não existem ganhos sem perdas, e viver é o eterno desafio de equilibrar a trama de nossa existência.

De certa forma, a timidez é uma ansiedade normal, e podemos afirmar que a maioria das pessoas fica ansiosa em situações sociais. Exemplos típicos de circunstâncias que podem fazer qualquer pessoa se sentir tensa ou tímida são: entrevistas de emprego, falar em público, encontros afetivos, festas surpresa de aniversário etc. Todos nós já passamos por algumas dessas situações e podemos lembrar, sem muito esforço, as batidas aceleradas do coração, as mãos trêmulas e úmidas, e aquele "friozinho" na barriga.

Essa ansiedade social costuma passar rápido, logo após o término do evento gerador da ansiedade. Dessa maneira, a ansiedade social ou timidez não é incapacitante e pode, muitas vezes, até contribuir para um bom desempenho em determinadas situações sociais. Isso porque o tímido, por se saber tímido, tende a se preparar previamente e com mais afinco para esses eventos.

Ser tímido e introvertido é a mesma coisa?

Antes de prosseguir, é fundamental fazer uma pequena, porém necessária, distinção entre timidez e introversão, pois a maioria das pessoas confunde essas duas características do comportamento humano. Pessoas introvertidas não são necessariamente tímidas. Elas têm as habilidades de convívio social e autoestima suficiente para obterem êxito nos relacionamentos interpessoais, porém preferem ficar sozinhas. Os introvertidos se sentem bem, e até mesmo revigorados, com a solidão voluntária e não apresentam qualquer ansiedade ou necessidade de aprovação quando estão na companhia dos outros. A inibição, os pensamentos de derrota e a ansiedade sobre o desempenho, tão frequentes nos tímidos, não ocorrem com os introvertidos.

Já quando as pessoas tímidas se abrem e revelam seus sentimentos, geralmente em terapia, demonstram um desejo intenso de ser notadas e aceitas. No entanto, julgam-se incapazes de exercer as habilidades, os sentimentos, os pensamentos e as atitudes necessárias a uma boa interação social.

O tímido é uma pessoa antissocial?

É importante ressaltar que o fato de as pessoas tímidas terem dificuldades de se relacionar socialmente não significa que elas sejam antissociais. Isso é um grande equívoco! É preciso ficar claro que indivíduos antissociais são aqueles que se relacionam sem qualquer receio ou constrangimento com diversas pessoas, mas não seguem nenhuma ética ou valores morais necessários para uma convivência social boa e saudável. Esses indivíduos, também conhecidos como psicopatas,[1] em geral estão camuflados como pessoas "do bem" e utilizam-se da boa-fé e generosidade dos outros para obter vantagens próprias. Os antissociais ou psicopatas são frios, manipuladores e incapazes de sentir culpa, remorso ou compaixão. Entre eles encontramos os estelionatários, golpistas e corruptos, até os perigosos transgressores de regras sociais, como os assassinos ou serial killers. Sendo assim, chamar pessoas tímidas de antissociais é um erro grave e uma enorme injustiça para com elas.

Na timidez, ocorre justamente o contrário. Pessoas tímidas querem se aproximar dos outros de forma natural, espontânea, mas a cruel inibição é responsável por muito sofrimento. Os tímidos apresentam sociabilidade, ou seja, têm o desejo de se relacionar com os outros, mas não sabem como fazê-lo.

Timidez tem causa?

A natureza da timidez é multifatorial, isto é, sua causa depende de vários fatores, que incluem nosso temperamento — herança genética que determina nossa bioquímica cerebral e nossa reatividade diante das coisas — e nossas vivências acumuladas desde a mais tenra idade. Por isso mesmo, a timidez se desenvolve à medida que amadurecemos e somos desafiados a enfren-

---

1. Tema do livro *Mentes perigosas: o psicopata mora ao lado*.

tar novas circunstâncias. É devido a essa natureza mesclada (genética e vivências) que algumas pessoas passam por fases de timidez e as superam, enquanto outras, em função de grandes decepções ou dificuldades constantes, perdem as esperanças e se retraem de forma intensa.

A timidez pode ser uma característica observada desde cedo, porém é mais comum vir à tona no início da puberdade e na adolescência. Nessa fase da vida, o indivíduo passa a se preocupar muito com a imagem que os outros fazem dele. Não é por acaso que, nesse período, tanto meninos como meninas tendem a andar em grupos específicos, nos quais são aceitos por apresentarem determinados comportamentos, pensamentos, visuais e posturas. Esses grupos funcionam como uma "muralha de proteção" para os adolescentes, pois criam uma sensação de segurança coletiva e aliviam as dificuldades que eles apresentam nas interações sociais mais amplas, que deveriam ser exercidas de forma individual.

Também temos de ter em mente que a timidez em crianças pode estar associada a outros problemas, bem como ser confundida com a *ansiedade de separação* — que consiste em ansiedade exagerada por causa do afastamento da mãe ou do cuidador, por exemplo, aquela criança que não vai no colo de ninguém, que não desgruda da mãe, ou que sofre e chora muito quando a mãe se despede ou a deixa no colégio. É comum crianças pequenas chorarem e se sentirem desamparadas quando os pais se afastam ou vão para o trabalho, mas rapidamente se ajustam e se distraem com outra coisa. No entanto, se após a despedida elas mantiverem o sofrimento de forma intensa e prolongada, já podemos pensar em um quadro de ansiedade de separação. Outro exemplo é aquela criança que prefere ficar com a mãe a brincar com os amiguinhos em uma festa. Embora tais sintomas sejam bastante comuns em crianças tímidas, ansiedade de separação e timidez são coisas distintas entre si.

No caso de adultos, muitas vezes, a timidez só se mostra quando se veem diante de situações que exijam maior exposição, como falar em público (palestras, aulas, reuniões, exposição de projetos no trabalho etc.) ou, até mesmo, após uma separação afetiva, quando a pessoa necessita socializar para conquistar novas amizades ou um novo par.

A timidez pode se tornar um transtorno?

Assim como a tristeza, que é uma reação normal dos seres humanos, e a depressão (sua correspondente adoecida), a timidez também é uma reação humana normal e, às vezes, útil. Já a fobia social ou o transtorno de ansiedade social (TAS) é sua equivalente patológica.

DIFERENÇAS ENTRE TIMIDEZ E TIMIDEZ PATOLÓGICA	
Ansiedade Social Normal (ASN) (Timidez)	**Transtorno de Ansiedade Social (TAS)** (Timidez patológica)
Necessidade moderada de aprovação pelos outros	Necessidade extrema e absoluta de aprovação pelos outros
Pode apresentar uma expectativa de aprovação em relação aos outros	Expectativa constante de avaliação negativa pelos outros
Consegue tolerar a desaprovação	A desaprovação é vista e sentida como uma grande tragédia
Gafes sociais são esquecidas com relativa naturalidade	As gafes sociais são remoídas na forma de pensamentos obsessivos, acompanhados de tristeza e autorrecriminação
Reações duvidosas dos outros são interpretadas com razoável flexibilidade	Reações duvidosas dos outros sempre são interpretadas de forma negativa

Fobia social ou transtorno de ansiedade social (TAS) – quando a timidez se torna patológica

O transtorno de ansiedade social (TAS) ou fobia social é muito mais do que simples timidez. Ele ocorre quando a ansiedade é excessiva e constante. Há um medo enorme de se sentir o centro das atenções, de ser permanentemente observado ou julgado de forma negativa. Os eventos sociais são evitados ou, quando isso não é possível, são suportados com imenso sofrimento. Na maioria das vezes, o medo e a ansiedade começam dias ou semanas antes do evento social e são desencadeados pela mera expectativa de vivenciar a situação temida. Como se não bastasse esse sofrimento prévio, após o evento é comum o tímido patológico ficar avaliando, de forma negativa, seu desempenho.

O portador de TAS, fobia social ou timidez patológica, costuma se isolar e sofrer de uma profunda sensação de solidão. Ele julga ser o único culpado por seus problemas, que se tornam incompreensíveis para os outros.

A ansiedade excessiva na presença de outras pessoas é o principal sintoma do transtorno de ansiedade social, que está diretamente relacionado com o medo de ser avaliado de modo negativo pelos demais, podendo se apresentar de forma circunscrita ou generalizada. Na circunscrita, como o nome já sugere, a ansiedade excessiva é restrita a poucos eventos, como comer ou falar em público. Já no tipo generalizado, a ansiedade exacerbada ocorre em grande número de situações sociais: falar com estranhos, ir a banheiros públicos, falar com pessoas hierarquicamente superiores ou em quaisquer circunstâncias nas quais a pessoa possa ser observada, avaliada ou julgada.

Na maioria das vezes, as situações potencialmente geradoras de ansiedade excessiva são vividas com intenso mal-estar ou quase sempre evitadas. O contato ou a mera expectativa de contato com essas situações desencadeia sintomas físicos visíveis como vermelhidão no rosto, sudorese intensa (suor, principalmente na parte superior do corpo), tremores, tensão muscular, fala tremida, taquicardia e boca seca. Na maioria dos casos de TAS, o paciente acredita que todos ao seu redor percebem sua extrema ansiedade. Isso contribui para que ele fique mais tenso, pois julga que as pessoas o acham estranho, nervoso e até mesmo mal-educado.

Às vezes, os sintomas de ansiedade em pacientes com fobia social podem se manifestar como um verdadeiro ataque de pânico. A pessoa é dominada por uma intensa sensação de medo, de que algo terrível pode ocorrer com ela, inclusive morrer, além de apresentar todos os sintomas físicos relativos a uma crise de pânico. Nesse caso, o fóbico social tenta fugir da situação desencadeadora da tensão o mais rápido possível, o que faz com que se sinta internamente arrasado e inadequado.

Carlos é comerciário, tem 29 anos e resolveu procurar ajuda quando já havia passado por um longo período de sofrimento. Sobre isso, ele relata:

> Sou muito tímido. Aliás, sinto que é mais do que isso, porque não consigo ter contato com muita gente. Em todos esses anos, evitei pessoas que não conheço, preferindo ficar em casa a frequentar lugares onde poderia me divertir um pouco. Terminei meus estudos do colégio, mas não tive forças pra enfrentar a faculdade. Sempre que precisava perguntar alguma coisa ao professor ou colega, minha voz começava a tremer e me dava um "branco total", passava a maior vergonha e meus colegas me ridicularizavam. Até tentei fazer cursinho, mas era muito difícil permanecer na sala de aula, não conseguia abrir a boca e minha vontade era sair correndo dali. Falar com alguém é um verdadeiro suplício: fico

muito tenso, transpiro bastante e meu coração dispara. Trabalho desde os 19 anos na empresa da minha família, que é meu "porto seguro", mas sempre evito ter contato com os clientes. Perdi várias namoradas, pois nunca sei começar direito uma conversa, parece que não tenho assunto e fico sem jeito. Todas as tentativas foram absolutamente frustradas e sinto que sou a pior pessoa do mundo. Preciso de ajuda, isso não pode ser normal.

Pode-se observar, portanto, que o transtorno de ansiedade social costuma causar grandes prejuízos na vida profissional, escolar, social e afetiva das pessoas. Algumas delas até conseguem ir a uma festa ou mesmo fazer novos amigos, mas apresentam ansiedade extrema para falar, comer ou escrever na frente de alguém. Outras, porém, chegam a evitar toda e qualquer situação social; o sofrimento é grande. Não importa em qual situação o indivíduo fica ansioso demais, mas sim a forma, a intensidade e a quantidade com que o medo afeta sua vida.

Como pensam os tímidos patológicos (fóbicos sociais)

Como visto, os indivíduos que sofrem de transtorno de ansiedade social ou timidez patológica possuem um modo peculiar de pensar sobre si mesmos. Nesse aspecto, todos eles têm medo excessivo de ser o foco da atenção dos outros e serem avaliados de modo negativo. Essa maneira de pensar domina de tal forma o cotidiano dessas pessoas que interfere drasticamente em seus diversos setores vitais, em que há necessidade de interação social ou exposição pública.

As crenças que povoam a mente dos fóbicos sociais, no que tange à sua própria autopercepção, podem ser sintetizadas por quatro pensamentos básicos em situações sociais:

- Tenho de parecer competente.
- Se cometer qualquer erro, ninguém vai gostar de mim.
- Se perceberem o quanto estou ansioso, vão me julgar um tolo.
- Se eu não conseguir falar nada interessante sobre determinado assunto, será uma tragédia.

Como os fóbicos sociais pensam que os outros pensam

Como se não bastassem os pensamentos autodestrutivos que os fóbicos sociais nutrem sobre si mesmos, sua mente é povoada por crenças sobre o que as pessoas pensam a seu respeito. Esses pensamentos também podem ser sintetizados em quatro frases básicas, que nos dão toda a dimensão da visão depreciativa que o fóbico social imagina que as pessoas têm dele:

- Que cara idiota!
- Ele não consegue se controlar e só dá vexame.
- Ele tem algo de muito errado.
- Ele é muito estranho mesmo, tem algo de esquisito.

Quem sofre de timidez patológica?

A pessoa que sofre de transtorno de ansiedade social costuma achar que seus problemas com os outros são algo sentido apenas por ela e, por essa razão, são incompreensíveis para as demais pessoas. Portanto, ela passa a se isolar cada vez mais e acaba tendo uma insuportável sensação de solidão.

O TAS acomete uma em cada oito pessoas, aproximadamente. Afeta homens e mulheres, quase na mesma proporção, costuma ter início na adolescência e perdura por toda a vida (curso crônico), se não for tratado. Esconder os sintomas por vergonha só aumenta o problema, pois atrasa o início do tratamento, que será mais eficaz quanto mais cedo puder ser estabelecido e seguido pelo paciente.

O TAS e seus associados

Na medicina do comportamento humano, infelizmente, um transtorno costuma vir acompanhado de outros, denominados comorbidades. No caso do TAS ou fobia social, a depressão e o abuso de álcool ou outras drogas são parceiros constantes e representam doses a mais de sofrimento para os portadores.

No caso da depressão, além dos sintomas já descritos e analisados, o paciente com TAS passa a apresentar um sentimento de tristeza persistente, perda do interesse e do prazer, redução geral da energia física e mental, dificuldades do sono, da atenção, da concentração, do raciocínio e do apetite. Como se não bastasse, a pessoa ainda se sente culpada por não obter um bom desempenho social, profissional ou afetivo, a ponto de pensar em dar cabo da própria vida para aliviar seu sofrimento. A presença da depressão em um paciente com TAS torna o caso mais sério e mais urgente de ser tratado de forma eficaz, uma vez que a cota extra de dor resultante da depressão dificulta a melhora da ansiedade social excessiva, que, cá entre nós, já é bastante difícil de ser superada.

Outro parceiro indesejável do transtorno de ansiedade social é a automedicação, ou seja, o paciente tenta vencer os sintomas da timidez excessiva utilizando álcool, drogas ou medicamentos inadequados. A intenção não é ruim, já que o tímido patológico está tentando se tornar mais sociável, mas, como todos sabemos, boas intenções nem sempre nos conduzem a bons locais ou a bons resultados: o alívio obtido com o abuso de álcool, outras drogas ilícitas ou medicamentos impróprios pode ocasionar problemas na vida do paciente e prejudicá-lo ainda mais.

É interessante observar o depoimento de Marisa, 25 anos, que revela sua luta de anos com a fobia social:

> Desde que eu me entendo por gente, sempre fui muito insegura. Lembro-me bem das sensações desagradáveis na minha infância e adolescência que, na época, eu definia como medo. Enquanto crescia, meu relacionamento com as pessoas se tornava cada vez mais difícil. Na faculdade tudo ficou mais complicado, praticamente insuportável. Via-me só, tentando lidar com situações de que, até então, havia me esquivado. Tinha medo das pessoas distantes e desconhecidas, nunca soube explicar direito. Enquanto o pessoal da minha classe formava grupinhos, eu me esforçava pra não demonstrar o que tanto me afligia, fugindo de todos. Encontros com o pessoal da turma após as aulas eram uma verdadeira tortura! E foi nesse período que comecei a beber.
>
> Primeiro foram os chopinhos pra relaxar, mas depois as portas se abriram pra outras drogas também. A maconha era minha grande aliada, pois conseguia enfrentar tudo e todos sem maiores problemas e a qualquer hora do dia. Estava "livre" pra viver. Contudo, meu rendimento acadêmico foi caindo a olhos vistos e eu sabia que precisava de ajuda. Felizmente pude contar com o apoio incondicional da minha família, que, além de palavras de incentivo e carinho, procurou um especialista. Consegui me livrar (só Deus sabe como!) das drogas e do álcool, porém me encontrar com as pessoas se tornou mais difícil. Como enfrentá-las, agora, de "cara limpa"?
>
> Hoje sei que sofro de fobia social e faço tratamento pra isso. Muitas situações ainda são muito complicadas pra mim, e os sintomas desagradáveis não cessaram totalmente, mas a cada dia

me sinto mais fortalecida. Tenho certeza de que falta pouco pra eu ter uma vida normal.

Quando essa infeliz parceria (drogas e TAS) se estabelece, é essencial tratarmos ambas as alterações comportamentais. O abuso ou a dependência de substâncias pode potencializar os sintomas fóbicos, sobretudo na abstinência das drogas utilizadas para aliviar o desconforto causado pela exposição social.

Embora o indivíduo se sinta mais "solto" com o uso dessas substâncias, o que facilita o contato social, isso acaba intensificando os sintomas do TAS, fazendo com que ele busque mais e mais drogas para se automedicar. Isso causa efeitos prejudiciais para o organismo, que muitas vezes são piores do que o próprio transtorno que originou sua dependência. É como se um bombeiro utilizasse gasolina para apagar o fogo de uma floresta, em vez da água do riacho que passa a uma pequena distância dali.

E o tratamento?

Não há qualquer dúvida sobre a eficácia da combinação de medicação adequada e da psicoterapia cognitivo-comportamental para o tratamento do transtorno de ansiedade social, fobia social ou timidez patológica.

No que se refere ao tratamento medicamentoso do TAS, destaco a utilização de substâncias conhecidas como antidepressivas, os betabloqueadores e alguns tipos de benzodiazepínicos (calmantes ou tranquilizantes).

Tanto os betabloqueadores quanto os benzodiazepínicos controlam alguns sintomas específicos do TAS, como tremores, taquicardia e sudorese, e são mais eficazes nos tipos circunscritos (específicos) de fobia social, como comer em público, por exemplo. Mas é importante destacar que os benzodiazepínicos (alprazolam e clonazepam) podem ser utilizados no início do tratamento, para que ofereçam aos pacientes um alívio imediato de seus medos e tensões, em geral crônicos. Além disso, a associação dos benzodiazepínicos com alguns antidepressivos pode potencializar o efeito deles nos primeiros meses (dois a três) de tratamento. Após essa fase inicial, tanto os betabloqueadores quanto os calmantes devem ser retirados, ao poucos, e o tratamento será baseado nos antidepressivos e na terapia cognitivo-comportamental.

Os antidepressivos que mostram eficácia no tratamento do TAS são: os inibidores seletivos da recaptação de serotonina (ISRS), os inibidores da monoaminoxidase (IMAOs) e um inibidor da recaptação de serotonina e noradrenalina (IRSN).

A experiência tem me levado a preferir os ISRS, tanto por seus resultados clínicos favoráveis quanto por sua segurança e taxa reduzida de efeitos colaterais.

Os IMAOs, por serem medicações que exigem uma dieta rigorosa e específica e um monitoramento mais cuidadoso, devem ser evitados ou reservados para casos que se mostrem resistentes à utilização das medicações anteriormente citadas.

É fundamental entender que as medicações ajudam a controlar a ansiedade exacerbada, em especial aquelas tão intensas como os ataques de pânico. Isso facilita muito, e de forma decisiva, que as pessoas possam enfrentar situações temidas e até evitadas a qualquer custo.

A terapia cognitivo-comportamental (TCC), tanto individual quanto em grupo, também é de grande importância para o tratamento do transtorno de ansiedade social. Com técnicas e tarefas específicas, a TCC visa mudar as crenças errôneas que o fóbico social tem de si mesmo, ajudando-o a enfrentar as situações que lhe causam ansiedade e treinando para adquirir um melhor desempenho social.

Alternativas terapêuticas que têm se mostrado bem eficazes como complementares aos tratamentos convencionais são: a Cantoterapia, o Teatro das Emoções, o Teatro para Tímidos e a prática de meditação, em particular a técnica da meditação transcendental.

Contudo, não se pode esquecer que o enfrentamento das situações temidas requer coragem e muita determinação do paciente. No decorrer do tratamento ele pode apresentar altos e baixos, afinal falhas e enganos fazem parte da vida de qualquer um, especialmente quando ele se permite a abertura de caminhos que levem ao desenvolvimento de habilidades novas e transcendentes. Além disso, um tratamento sério e honesto não promete fórmulas milagrosas, mas oferece subsídios para que o paciente tenha condições de enfrentar as situações sociais e para que o medo de passar por situações constrangedoras deixe de ser um problema tão sério, a ponto de impedi-lo de ser feliz.

Esse é um transtorno totalmente passível de ser superado, em especial quando se tem metas e objetivos. Tenho total ciência das dificuldades vivenciadas por um fóbico social, mas é importante que ele, aos poucos, tente fazer novos amigos, participe de festas e reuniões, convide alguém especial para um encontro romântico, exponha suas opiniões diante dos colegas de trabalho, entre outras situações nas quais a capacidade de socialização faz toda a diferença.

Como todo caminho que nos conduz a bons lugares, o início exige dedicação, persistência e fé (crença na fração divina que há dentro de cada um de nós). No entanto, no final você terá a certeza de que valeu a pena. Será você com você mesmo, sem medos e sem ilusões. É como "pescar" a vida real e essencial que sempre esteve e estará dentro de cada um de nós.

*Quem desiste precocemente
da escola perde a oportunidade
de construir uma base sólida para
a descoberta e o desenvolvimento
de seus talentos essenciais,
alterando a rota de seus
propósitos existenciais e sociais.*

11
FOBIA ESCOLAR: QUANDO IR À ESCOLA VIRA UM TORMENTO

A fobia escolar é o medo exacerbado que a criança sente de ir para a escola. Primeiro ela se recusa a se deslocar para o ambiente escolar, começa a inventar desculpas e termina evitando-o. Como a própria criança ainda não sabe que está com medo, com frequência o quadro se manifesta com mal-estar, podendo apresentar vômitos, dor de cabeça, dor de estômago, náuseas e tonturas na sala de aula. Muitas vezes, esses sintomas podem ter início antes mesmo de a criança sair de casa ou na noite anterior. Ela reage ao assunto da escola sempre com medo, negativismo, e pode chorar para não ir. Na escola, é muito comum que ela se afaste dos colegas, já que se sente muito desconfortável no ambiente.

É importante observar que, se esses sintomas se manifestarem apenas de vez em quando, pode ser um problema físico e não fobia escolar. Por isso, é sempre bom investigar, já que os sintomas são muito parecidos.

É essencial que a equipe da escola saiba o que está acontecendo, pois, muitas vezes, uma figura de confiança do aluno (pais, responsáveis, babás) deve acompanhá-lo e permanecer por um determinado período no ambiente escolar, até que ele desenvolva autoconfiança. Os próprios coordenadores podem desempenhar esse papel, ao ficarem mais próximos desse aluno, encorajando-o para que ele se sinta bem na sala de aula.

A fobia escolar costuma estar associada a outro transtorno denominado *ansiedade de separação*. Esse problema é muito comum em crianças e se caracteriza pelo medo intenso de se separar dos pais ou de pessoas com quem têm um vínculo importante, pela preocupação constante de que algo de ruim possa lhes acontecer ou até mesmo de perdê-los para sempre.

Compartilho o caso de Tadeu, de 9 anos, estudante do quarto ano do ensino fundamental. Apesar de apresentar ansiedade de separação leve, seu medo de permanecer na escola tinha um motivo velado:

> Todos os dias os pais de Tadeu encontravam muita dificuldade em levá-lo à escola. Era uma verdadeira guerra entre eles. Com frequência o menino passava mal, com enjoos, tonturas, diarreia, cólicas e até febre. Por diversas vezes foi ao pediatra e submetia-se a diversos exames, mas todos normais. Aparentemente ele estava saudável. Desde pequeno, Tadeu sempre relutou em frequentar a escola, mas este ano, em especial, estava bastante complicado. Sem diagnóstico em mãos, seus pais foram a um psicólogo para saber se havia algum problema emocional. Nas primeiras sessões Tadeu pouco se comunicou, dizia que não sabia por que não queria ir, mas que não se sentia bem no colégio e ficava com saudades da mãe. O psicólogo resolveu ir até lá para conversar com os professores, observar mais de perto o comportamento de seu paciente e como ele interagia com a turma e os colegas. Percebeu que Tadeu era um aluno educado, querido pelos professores e que tinha poucos, porém bons amigos. Mas, muitas vezes, voltava mais cedo para casa, pois passava mal durante as aulas. Em uma de suas sessões, o psicólogo notou um desconforto evidente e importante quando falou sobre as meninas do colégio. Tadeu ficou ruborizado e mal conseguia pronunciar as palavras. Pronto, as coisas começavam a clarear. De fato, havia uma garota bem especial na sala de aula por quem ele tinha muito apreço e pensamentos românticos. Toda vez que ela se aproximava, o garoto era tomado por um forte mal-estar e uma vontade quase incontrolável de vomitar.

O medo de passar vergonha, de ter que lhe dirigir algumas palavras ou mesmo de interagir era suficiente para lhe provocar um comportamento evasivo em relação à escola. Com o tempo, esse sentimento se tornou tão intenso que sua vontade era de sair correndo da sala de aula com receio de vomitar na presença de sua querida colega e passar vexame na frente de todos.

Crianças que apresentam ansiedade de separação associada à fobia escolar, além do medo intenso de frequentar a escola, têm dificuldades em dormir sozinhas, medo de ir para a casa de amigos e relutam em se distanciar das pessoas com as quais passam a maior parte do tempo. Assim, uma maneira de a criança ficar menos insegura em se separar dos pais é oferecer o máximo de sinceridade possível, demonstrando verdadeiramente que estão felizes ao seu lado, enquanto há tempo disponível para isso. Mensagens duplas por parte dos pais fazem com que a criança fique insegura, já que ela não tem como saber com quem e com o que exatamente pode contar. É essa insegurança que a deixa mais "grudenta" e chorosa, pois passa a sentir que pode ser abandonada a qualquer instante. No momento de ir para a escola os pais devem ser firmes, mas também precisam respeitar a limitação de seus filhos, uma vez que o sofrimento é intenso.

Crianças ou adolescentes com fracassos escolares, déficit de atenção[1] ou transtorno de aprendizagem, entre outros problemas, também podem desenvolver fobia escolar, pois não querem expor seus insucessos. Nesse caso, vale a pena investigar a causa desses fracassos, por meio de profissionais especializados na área.

---

1. Tema do livro *Mentes inquietas: TDAH — desatenção, hiperatividade e impulsividade*.

Os motivos que levam a criança a desenvolver fobia escolar podem ser vários: a predisposição genética, o temperamento, a vulnerabilidade a ambientes domésticos e escolares estressantes, a preocupação excessiva dos próprios pais com a separação de seus filhos etc. É interessante salientar que nem todos os filhos, ainda que recebam a mesma educação escolar e familiar, irão desenvolver a fobia escolar, uma vez que isso depende de cada indivíduo.

A prática de bullying,[2] agressão sistemática que ocorre dentro das instituições de ensino, também é uma das grandes responsáveis pela fobia escolar, predispondo crianças de todas as faixas etárias, adolescentes e adultos a repetências por faltas, problemas de aprendizagem e até mesmo a evasão escolar. Nesse caso específico, todos saem perdendo: o aluno, os pais, a escola e a sociedade como um todo. Quem desiste precocemente da escola perde a oportunidade de construir uma base sólida para a descoberta e o desenvolvimento de seus talentos essenciais, alterando a rota de seus propósitos existenciais e sociais.

O relato de Patrícia, 16 anos, mostra com detalhes o quanto as humilhações e agressões sofridas na escola contribuíram para deflagrar um quadro típico de fobia escolar:

> Sempre tirei boas notas e gostava de estudar, porém entre os 11 e 15 anos fui vítima de bullying escolar e isso me marcou profundamente. Sou filha única, e meus pais, à custa de muito trabalho, me matricularam no melhor colégio da cidade. Só que eu não era tão bonita nem tão rica quanto os alunos de lá. As agressões começaram com alguns apelidos do tipo "pé de chinelo", "brega", "cafona", que me deixavam constrangida na frente de todo mundo.

---

2. Tema do livro *Bullying: mentes perigosas nas escolas*.

Com o passar do tempo, o bullying se tornou um inferno na minha vida. As humilhações ficaram mais frequentes e me isolaram de todos. Quando eu tentava me aproximar, sempre ouvia risadinhas, cochichos e zombarias: "Volta pra cozinha, garota, pobreza pega!", "Ninguém te quer por aqui!".

Contei aos meus pais o que estava acontecendo, mas eles não entenderam direito, achavam que era coisa de adolescentes e que eu precisava enfrentar. Mas, juro, eu não aguentava mais, já eram anos de sofrimento. Tudo que acontecia ficava martelando na minha cabeça. Sentia vergonha de mim, das minhas roupas, da minha casa, até mesmo dos meus pais. Eu passava mal quase todo dia, com enjoos, dor de cabeça, e não conseguia dormir direito.

Minhas notas estavam péssimas, eu inventava desculpas pra faltar às aulas, vivia ansiosa e tinha medo de me aproximar de qualquer pessoa. Até que um dia criei coragem, expliquei tudo pra minha mãe e disse que não queria mais estudar. Foi só aí que ela entendeu que a história era pior do que imaginava e que eu precisava de ajuda. Meus pais até que tentaram me transferir de colégio, mas eu estava completamente apavorada; só de pensar nisso eu começava a suar, tremer, chorar. Hoje faço tratamento pra tirar esse trauma e medo absurdos. Sei que preciso voltar a estudar, mas ainda não consigo!

Uma das formas de tratamento para a fobia escolar é a terapia cognitivo-comportamental, cuja abordagem ajudará a criança ou o adolescente a pensar e agir de forma diferente, por meio de técnicas direcionadas às dificuldades de cada um. Caso a fobia seja muito grave, vale a pena consultar um psiquiatra, que poderá fazer uma avaliação do quadro clínico e, se for necessário, prescrever medicações adequadas. Esse profissional também poderá descartar todas as possibilidades de outras doenças estarem causando tanta ansiedade.

É fundamental que os pais fiquem atentos quanto à procura de profissionais especializados, já que a demora no tratamento pode ocasionar afastamento da escola, fracasso e repetência escolar, vergonha de enfrentar novamente os colegas, entre outros fatores. Todos eles são indutores da baixa autoestima e responsáveis por graves prejuízos que se refletem na vida adulta. Além disso, é muito comum que a fobia escolar se associe a outros medos, por exemplo, de elevador, de animais, do escuro etc. Enfim, os danos são grandes quando se adia o tratamento.

Os pais, muitas vezes, se sentem culpados quando seus filhos apresentam fobia escolar, mas isso não contribui de forma efetiva para melhorar o quadro. Existem responsabilidades que são sempre de quem cuida, e isso implica identificar o problema, buscar tratamento e seguir as orientações a fim de trazer alívio aos filhos que sofrem e contam com o apoio dos pais.

Enfrentar o medo exacerbado é ter a certeza de que ele jamais se tornará algo maior do que você.

12
FOBIAS ESPECÍFICAS: QUANDO O MEDO É DESPROPORCIONAL E INCOMPREENSÍVEL

Quer saber de uma coisa? Todo mundo tem medo, uns têm medinhos, outros medões, mas no fundo tudo é medo, puro e simples. Sentimos medo de manhã, às vezes à tarde e muito mais à noite, mas não necessariamente nessa ordem.

Medo de cair, de sair, de se divertir, da felicidade, da fatalidade, da bala perdida, da fome, de ter e de perder, seja lá o que for!

Medo de trair e ser traído, de perder o grande amor, de amar e não ser amado, de dizer adeus, de partir, de mudar, de renovar, de dizer eu te amo!

Medo de bruxa, do escuro, do bicho-papão, do vento, da ventania, do relâmpago e do trovão.

Medo da morte: a sua, a de seu amigo, a de seu filho e a de seus pais.

Medo do terror, dos terroristas, dos que manipulam os horrores humanos, dos que adoram o poder, de não poder com esse tipo de gente.

Medo de não ter o filho desejado, de não vê-lo crescer, de vê-lo adoecer, de não vê-lo feliz.

Medo do chefe que grita, que não elogia, que não explica, que não brinca, que só xinga, que assedia.

Medo da solidão, da rejeição, do telefone que não toca, da palavra não dita, do "mico" ainda não pago, da alucinação da paixão, do beijo não roubado, da dor do amor não correspondido, das velas não apagadas, do grito não ecoado depois do sexo em perfeita comunhão.

Medo de gastrite, otite, sinusite, faringite, meningite, hepatite, celulite e tudo o que é "ite".

Medo de errar, de não ter o que dizer, de falar demais, de se calar diante da covardia, de engolir o choro da emoção, de não crer e não ter fé em Deus, em si e na vida.

Medo da enchente, de não gostar de gente, do ladrão, de não ser o único e virar nenhum na multidão.

Medo da ditadura, do neoliberalismo, do comunismo, do nazismo, do radicalismo, da guerra, da bomba de Hiroshima, de Nagasaki, do tsunami, do Katrina, do terremoto, da chacina, da rebelião, do vandalismo, da escravidão, da sofreguidão, da falta de poesia, da realidade nua e crua.

E, por fim, medo de não ter coragem para enfrentar tudo isso, mesmo que não tenha fim...

Existem determinados assuntos que sempre geram discussões calorosas quando surgem em uma reunião descontraída entre amigos. Religião, futebol e política sempre são motivo de discórdia e podem muitas vezes estremecer ou mesmo pôr fim a velhas amizades. Outros temas, porém, despertam curiosidade e até sentimentos de cumplicidade. Sem dúvida, os medos específicos são desse tipo. Afinal, em termos de impedimentos gerados por certos medos, encontramos pessoas que têm pavor de altura ou dentista; que não conseguem atravessar pontes ou túneis, andar de elevador ou escada rolante; que ficam paralisadas diante de certos animais ou se apavoram em dias de chuvas e trovoadas. Todos esses exemplos constituem o que a medicina denomina *fobias específicas*, ou seja, medos exacerbados e descabidos de objetos ou situações bem identificáveis. Estar exposto ou apenas imaginar o objeto ou a situação temida já é capaz de desencadear no indivíduo reações de grande ansiedade, muito parecidas com verdadeiras crises de pânico (sudorese, palpitações, tremores, descontrole etc.).

Praticamente todos nós já presenciamos ou fomos coadjuvantes de situações vexatórias na companhia de pessoas mais íntimas, por causa do medo exagerado de algo ou uma fobia específica. Apesar de contarmos com vários exemplos, grande parte da população ainda acha que se trata de "frescura" e não tem a menor ideia do quanto as fobias trazem prejuízos e constrangimentos a esses indivíduos.

Em uma das edições de um reality show de grande repercussão da TV brasileira, os telespectadores puderam acompanhar o desespero de uma das integrantes. Em uma das festas promovidas pelo programa, cuja temática era o circo, ela ficou transtornada, diante das câmeras, ao se deparar com o colega fantasiado de palhaço. É claro que a maioria das pessoas, inclusive alguns participantes, não entendeu tamanho sofrimento diante de um personagem emblemático infantil, que só nos diverte. Mas não é tão simples assim: algo inofensivo para a grande maioria de nós pode representar uma ameaça real e ser motivo de intenso sofrimento para algumas pessoas. Sem dúvida, a jovem sofre de fobia de palhaços, também conhecida por *coulrofobia*, e qualquer imagem, foto ou personagem pode deflagrar uma crise intensa de ansiedade.

Em outra edição do mesmo programa, um dos participantes desistiu de uma das provas e foi eliminado por não conseguir ficar confinado em um quarto branco por muito tempo. Provavelmente, ele teve uma forte crise de ansiedade naquelas horas que pareciam intermináveis por sofrer de claustrofobia (medo intenso de lugares fechados).

Dos inúmeros pacientes que atendi com fobias específicas, cito o caso de Marília, 27 anos:

> O sonho de Carlos, meu marido, era conhecer Veneza, com todo o glamour que a cidade representa e oferece. Aproveitamos as férias de julho para passarmos uma temporada por lá e em outros lo-

cais da Itália. Ficamos hospedados num ótimo hotel pra vivenciarmos um clima bem romântico, como costumávamos ver em filmes e documentários. Pensei: "Acho que vai ser bom fazer um passeio de gôndola, ouvir o som dos remos deslizando pelos canais naquele local extraordinário, como se estivéssemos dentro de um cenário!". Veneza não se assemelha a nenhuma cidade, ela é única no mundo.

Assim que nos acomodamos, pegamos um barco e fomos conhecer a praça São Marcos, um dos pontos mais visitados de lá. Caminhamos em meio a muitos turistas, apreciando a arquitetura e tirando muitas fotos de belas recordações. Não poderíamos deixar de dar um pulinho no charmoso Café Florian, onde poderíamos degustar um cappuccino no final da tarde e ouvir, ao vivo, boas músicas italianas.

Avistei alguns pombos na praça, meu coração começou a disparar e segurei firme em Carlos. Entramos na galeria e sentamos no café. Consegui me distrair um pouco com a beleza do local, o clima de felicidade das pessoas, o bom serviço dos garçons vestidos impecavelmente de branco; tudo muito charmoso. Até que um desses malditos pombos chegou bem perto da nossa mesa… dois, três… Meu Deus, havia centenas na praça! A essa altura meu coração já estava saltando pela boca e gritei com toda a força: "Caaaarlos, me tira daqui, eu tenho nojo, pânico desse bicho! Você conseguiu acabar com nosso casamento!". Sem me dar conta do requinte do lugar e das pessoas ao redor, armei um escândalo ali mesmo. O pior é que me segurei com tanta força na cadeira que não houve "cristão" que conseguisse me levantar. Não teve outro jeito: lá fui eu de volta ao hotel, carregada na cadeira, dando um "show" na frente de todo mundo… que vergonha! Não pensei que pudesse perder o controle desse jeito… o medo foi mais forte do que qualquer coisa. A viagem acabou ali mesmo, voltamos no primeiro voo. Não tenho como passar por isso de novo, é muito constrangedor.

Muitos outros pacientes têm esse medo irracional e desmedido de aves. Uma delas passou a ter pavor, ainda na infância, quando sua avó a levou ao zoológico pela primeira vez. Um pavão resolveu se exibir e abrir sua cauda exuberante, justamente quando a menina se aproximou da grade. O susto foi tamanho que, desde então, ela passou a ter aversão a qualquer tipo de ave e nem sequer consegue comer frango.

Entre os dias 12 e 15 de setembro de 2012, de forma despretensiosa, fiz a seguinte pergunta em minhas redes sociais: "Do que você tem medo a ponto de entrar em pânico, se desesperar ou ficar paralisado?". As respostas foram muitas e bem diversificadas: medo de falar em público (abordado no capítulo 11, sobre fobia social), medo de morrer, da violência, de sequestro e de ser assaltado (tema dos capítulos 5 e 13), e os medos diversos, que é o foco deste capítulo. Das fobias específicas, a maioria das pessoas respondeu que sente medo absurdo de altura e de ficar em lugares fechados, mas também estavam na lista o medo exagerado de dirigir, pela possibilidade remota de sofrer um acidente, de aranhas, tartarugas, ratos, baratas, lagartixas, sangue, cachorros, morcegos, grilos, doenças e até de balões ou bexigas. O que me chamou a atenção foi a grande interação dos internautas — homens e mulheres de diversas faixas etárias — acerca de um tema aparentemente comum. Mas a verdade é que as fobias específicas suscitam debates entusiasmados, já que o percentual de pessoas que sofrem do problema é relativamente alto. Segundo a APA, a prevalência de fobias específicas é bastante variável, porém, de forma geral, elas acometem 7,2% a 11,3% da população ao longo da vida. As mulheres são duas vezes mais acometidas que os homens, até mesmo entre idosos. Normalmente as fobias começam na infância ou adolescência e tendem a persistir durante a vida adulta, caso não sejam tratadas.

Dentre os casos que atendi nos últimos anos, cito o de pessoas que têm medo de avião (aerodromofobia) e perdem oportunidades de emprego, estudos ou mesmo prazeres, como ótimas viagens para o exterior. Ou, ainda, aqueles que só frequentam médicos, advogados, amigos ou outros serviços caso se localizem em uma casa ou em andares baixos de edifícios, devido ao medo de elevadores. Sem citar os que carregam inseticidas poderosos na bolsa ou mochila para se defenderem de possíveis ataques de insetos diversos. Também há pessoas que, mesmo em momentos de grande necessidade, se recusam a ir ao dentista, ou são incapazes de enfrentar exames de ressonância magnética ou tomografias.

Afinal, o que são as fobias específicas?

Poucos dias antes de concluir este livro, recebi de uma amiga de longa data uma mensagem pelo celular que achei bastante pertinente ao assunto. Rosane Sabatino Duarte, comissária de bordo de uma grande companhia aérea internacional há mais de vinte anos, presenteou-me com este belo texto que agora compartilho com você:

> Medo de voar, medo de cair, medo de não ter controle da situação!
> Medo, fobia, pavor de estar dentro do avião... Ahhh o avião, enorme, barulhento, que sacode e não deixa descansar! Algumas pessoas simplesmente relaxam num voo, outras se ocupam para permanecer acordadas, mas todas estão ali, juntas naquele mesmo lugar. E no voo somos todos iguais. Um grande aprendizado de vida! Penso que é preciso praticar a confiança e a paciência. Sim, você já pensou em quantos profissionais trabalham para que um voo decole?

> Aeronauta por muitos anos, consigo perceber pelo olhar quem se incomoda em estar ali, e costumo dizer que é tudo passageiro, nada dura para sempre e na hora certa a aeronave vai aterrissar, deixando o medo e a fobia no passado de um voo que acabou de chegar.
> Observe a beleza de ver um dia amanhecendo a 38 mil pés de altura! É lindo! Seja bem-vindo a bordo, aproveite! A beleza está em todo lugar!

É importante ressaltar que existe uma grande diferença entre as pessoas que têm um medo "normal" de determinado objeto ou circunstância e aquelas que apresentam fobias ou medos patológicos. Como já dito, o medo de forma equilibrada é uma condição natural e necessária para todos nós. Porém, para os portadores de fobia específica, ele é desproporcional, absurdo, inadequado e incompreensível. Além disso, o fóbico, diante da situação temida, apresenta sintomas físicos de extremo desconforto (transpiração excessiva, tremores, falta de ar, taquicardia, mãos frias, entre outros). Muitas vezes, só o fato de imaginar a situação indesejável já é suficiente para desencadear todo o quadro descrito. A fobia específica é capaz de modificar de forma drástica a rotina de alguém; trazer prejuízos significativos; expor o indivíduo ao ridículo; destruir sua autoestima, uma carreira promissora e sonhos de toda uma vida.

Para citar um exemplo corriqueiro, alguém que sente apenas medo, ou asco, de algum tipo de inseto é capaz de enfrentá-lo ou até mesmo matá-lo. Mesmo que para isso tenha que fazer um escarcéu e chamar a atenção da vizinhança. Porém, os que realmente sofrem de fobia específica desse animal apresentam incômodos físicos e psicológicos tão intensos que não sossegam enquanto não têm a plena certeza de que o "monstrengo" esteja estirado, morto, esquartejado e esturricado!

Segundo a Associação de Psiquiatria Americana (APA), a maioria dos indivíduos que sofrem de fobia específica reconhece que o medo é excessivo ou descabido, mas mesmo assim evita os objetos e as situações a qualquer custo ou, quando isso não é possível, os suporta com intensa ansiedade e sofrimento, um verdadeiro estado de pavor. O diagnóstico somente poderá ser fechado quando o foco do medo trouxer prejuízos expressivos a setores importantes da vida do indivíduo, como o social, afetivo, profissional, acadêmico etc.

O manual da APA também descreve que quem sofre de fobias específicas costuma dirigir o foco do medo aos possíveis danos que os objetos ou as situações podem gerar. Por exemplo: na fobia de dirigir automóveis, a preocupação excessiva é com batidas ou acidentes na estrada; para os indivíduos que têm fobia de avião, o foco do medo está em sua possível queda; na fobia de cães, cavalos ou gatos, o medo se concentra nas mordidas, e assim por diante.

A maioria das reações de ansiedade é sentida com mais intensidade logo após o confronto com o estímulo fóbico (situação ou objeto temido) — como ocorreu com minha paciente ao se deparar com pombos em Veneza —, e diminui conforme se afasta dele. Já um indivíduo que tem medo de elevador, por exemplo, sentirá ansiedade intensa quando estiver em movimento entre os andares e ficará mais aliviado cada vez que a porta se abrir nos pisos até que ele possa sair (ou fugir) daquele local.

Ainda citando a APA, as fobias específicas apresentam os seguintes subtipos que indicam o foco do medo ou esquiva:

- *De animais*: o medo é causado por animais, incluindo os insetos.
- *De ambientes naturais*: o medo é causado por fatos relacionados à natureza, como enchentes, quedas-d'água, temporais, raios, trovões, altura etc.

- *De sangue e materiais perfurocortantes*: o medo é causado por ver sangue, ferimentos, receber injeções, submeter-se a suturas, processos cirúrgicos etc.
- *De determinadas situações em lugares específicos*: o medo é causado por situações específicas, como dirigir; andar de ônibus, metrô, avião, elevador, barco; passar por túneis, pontes e elevados; ficar em lugares fechados etc.
- *De diversos fatos geradores de sensações desagradáveis*: o medo é causado por situações que podem levar à asfixia (ou dificuldade de respiração) ou vômitos; medo de contrair doenças, de perder os sentidos (astenofobia), entre outras.

A prevalência dos subtipos de fobias segue a seguinte ordem: situacional (situações em lugares específicos), ambiente natural, sangue e materiais perfurocortantes e animal.

No entanto, o paciente fóbico tem a chance de se esquivar dos objetos ou das circunstâncias. Se um indivíduo apresenta fobia de dirigir, por exemplo, utiliza outros meios de transporte. No caso da fobia de altura, ele pode evitar os lugares nos quais tenha de subir além de um determinado patamar e se sentir mais seguro.

E é justamente por isso que as fobias específicas, de forma geral, são subdiagnosticadas, uma vez que o indivíduo não costuma procurar ajuda especializada por driblar as situações temidas. No entanto, as fobias costumam se associar umas às outras e também a outros quadros de transtornos de ansiedade, depressão ou até mesmo ao uso de drogas ou álcool, gerando problemas muito mais graves. Até a busca de tratamento especializado, os fóbicos específicos lutam o tempo todo para se manter afastados dos objetos e das situações que lhes desencadeiam a crise paralisante de medo e ansiedade.

O relato de Cláudia, 35 anos, retrata bem os prejuízos profissionais por não conseguir superar o medo de voar:

> Aos 26 anos, comecei a trabalhar em uma empresa multinacional. Sempre fui esforçada, dedicada, e minha ascensão foi muito rápida. Em pouco tempo já era uma executiva com ótimo salário. Mas meu medo de voar acabou com todos os meus sonhos. O trabalho exigia que eu viajasse de um lado para o outro, tanto no Brasil quanto no exterior, e sempre fiz isso com muita dificuldade. Invariavelmente, a cada viagem eu usava calmantes ou bebia no avião para me sentir mais segura. Chegou a um ponto em que a situação ficou insuportável e pedi para mudar de setor. Minhas chances de crescimento na empresa praticamente estagnaram, entrei em depressão e hoje preciso de mais ajuda do que antes.

As reações das fobias específicas são sempre iguais?

Uma particularidade que difere a fobia de sangue dos demais medos patológicos é no que tange à resposta fisiológica. Além de as náuseas serem muito mais fortes do que nos demais transtornos de ansiedade, ela causa queda dos batimentos cardíacos e da pressão arterial, reduzindo o fluxo sanguíneo, bem como a concentração de oxigênio cerebral. Isso faz com que os fóbicos, muitas vezes, desmaiem ao presenciar cenas que envolvam sangue, injeções, ferimentos ou quando necessitam fazer exames de rotina. A APA relata que cerca de 75% dos indivíduos com esse tipo de fobia têm histórico de desmaio. Essa resposta fisiológica é denominada síncope vasovagal.

Certa vez, atendi uma paciente que cursou por um tempo a faculdade de farmácia. Ela queria ser a responsável técnica da farmácia de manipulação de seu pai e dar continuidade ao seu pequeno negócio no interior do Rio de Janeiro. Porém, durante o curso, precisava passar por algumas disciplinas que para ela eram insuportáveis. Nas aulas práticas, onde havia experiências com animais de laboratório ou dosagens sanguíneas, invariavelmente ela desmaiava e saía carregada da sala. Ela precisou interromper a faculdade, o que afetou de forma drástica sua vida, culminando em um quadro depressivo. Além dos anos perdidos com os estudos, ela se sentia incapaz de corresponder às expectativas da família, estava desmotivada a enfrentar novo vestibular e se lembrava com muita tristeza das zombarias dos colegas diante de uma reação que não conseguia controlar.

Como tratar as fobias específicas?

Sem sombra de dúvida, o tratamento mais eficaz para as fobias específicas é a psicoterapia cognitivo-comportamental. As medicações apresentam resultados pouco satisfatórios, principalmente se a psicoterapia não estiver associada. Além disso, se os fármacos utilizados ou suas doses forem inadequados, podem agravar os quadros de fobias específicas.

Em diversos casos de fobias específicas aplica-se a *dessensibilização sistemática*, que consiste em técnicas de relaxamento profundo, nas quais o paciente se imagina diante do estímulo fóbico, tanto por indução do terapeuta quanto por meio de simulações, tais como desenhos, fotos, imagens, filmes e, mais recentemente, tecnologias que utilizam a realidade virtual. O objetivo é "treinar" e habituar o paciente a reduzir a ansiedade, no início do tratamento, fornecendo-lhe subsídios para o enfrentamento gradual, repetido e frequente das situações geradoras do medo, capacitando-o, em médio prazo, para a exposição na vida real.

Fobias de A a Z: nomes curiosos para medos exacerbados

Cada tipo de fobia específica tem um nome particular, geralmente pomposo e de pronúncia complicada, que vai de A a Z. Abaixo estão os nomes das fobias mais comuns, classificadas por tipo:

	FOBIA	FOCO DO MEDO
DE ANIMAL	Ailurofobia	Gatos
	Aracnofobia	Aranhas
	Bacilofobia	Germes
	Cinofobia	Cães
	Entomofobia	Insetos
	Ofidiofobia	Cobras
	Ornitofobia	Aves
DE AMBIENTE NATURAL	Acrofobia	Altura
	Amatofobia	Poeira
	Frigofobia	Clima frio
	Ceraunofobia	Trovão
	Fonofobia	Ruídos altos
	Fotofobia	Luz
	Hidrofobia	Água
	Nictofobia	Noite
	Pirofobia	Fogo
DE SANGUE, INJEÇÃO, FERIMENTO, INSTRUMENTOS PERFUROCORTANTES, SENSAÇÕES DESAGRADÁVEIS	Astenofobia	Perda dos sentidos
	Emetofobia	Vômito
	Hemofobia	Sangue
	Odinefobia	Dor
	Poinefobia	Punição

DE SITUAÇÃO	Aerodromofobia	Voar
	Aeronausifobia	Vomitar em aviões
	Agorafobia	Ficar longe de seu ambiente de segurança
	Apeirofobia	Infinidade
	Claustrofobia	Lugares fechados
	Topofobia	Medo do palco
OUTROS	Cacorrafiofobia	Fracasso
	Coulrofobia	Palhaços
	Fagofobia	Alimentos
	Logofobia	Palavras
	Teofobia	Deus
	Tirofobia	Queijo
	Triscaidecafobia	Número 13

É fundamental que os portadores de qualquer tipo de fobia entendam que evitar aquilo que se teme é um tremendo equívoco, é o famoso "tiro no pé".

Se você quer realmente superar sua fobia, é necessário mudar a maneira como vê, pensa e experimenta o mundo. A fórmula mais eficaz, e talvez a única, para a superação do medo exacerbado é o enfrentamento. Quanto mais você recua, mais ele cresce à sua frente. Enfrentar o medo é ter a certeza de que ele jamais se tornará algo maior do que você. Medos patológicos são como lendas; quando não se acredita nelas, deixam de existir. Você lembra onde foi parar a bruxa malvada na qual você tanto acreditava quando era criança? Pois é, um dia o mesmo poderá acontecer com seus medos!

Quem sofre de transtorno de estresse pós-traumático (TEPT) é capaz não apenas de recordar as experiências traumáticas, como também reviver e remoer, de forma intensa, persistente e sofrível, toda a dor que o abateu. É o flashback do tormento!

13
TRANSTORNO DE ESTRESSE PÓS--TRAUMÁTICO (TEPT): O FLASHBACK DO TORMENTO

Em nossa jornada, todos vivenciamos experiências difíceis ou traumáticas em algum momento. No entanto, por mais dolorosa que tenha sido a circunstância vivenciada, nem sempre esse trauma é capaz de desencadear uma doença, mesmo que sua recordação seja inevitável. Por outro lado, os pacientes que sofrem de transtorno de estresse pós-traumático (TEPT) são capazes não apenas de recordar as imagens do ocorrido, como também reviver e remoer, de forma intensa, persistente e sofrível, toda a dor que os abateu. É o flashback do tormento!

Quem sofre de TEPT?

Os portadores do TEPT são pessoas que passaram por eventos de natureza muito intimidadora ou trágica; testemunharam a morte de perto; correram risco de morte; vivenciaram fatos violentos como assaltos, sequestros, acidentes de carro, desastres naturais, guerras, torturas psicológicas ou físicas, abusos sexuais etc., intensificados por sentimentos de impotência, medo e horror. São fatos que os marcaram profundamente e que desencadearam uma série de sintomas físicos e psíquicos, sinalizando que o trauma não foi superado. A ferida ainda está aberta e sangrando!

Para entender melhor como isso ocorre, imagine nossa memória como se fosse uma estrutura horizontal plana, feita de muitas camadas. Nas camadas mais profundas estão armazenados todos os fatos que aprendemos, vivenciamos, vimos, ouvimos e sentimos.

Enfim, sensações e acontecimentos que ficam registrados e que podemos acionar quando necessitamos ou somos induzidos a encontrá-los. Já na superfície encontra-se tudo aquilo que usamos no dia a dia e que se processa de maneira automática e espontânea.

Quando dirigimos um carro, por exemplo, não precisamos nos lembrar de como se passa a marcha, como se pisa no freio ou no acelerador. Quem já está acostumado a dirigir sabe que tudo é processado automaticamente. Andamos, comemos, bebemos, lidamos com os utensílios domésticos e tantas outras coisas cotidianas através do mesmo processo: de forma automática.

Com esse mesmo mecanismo, associamos nossos sentidos (paladar, olfato, tato, audição e visão) às diversas possibilidades de reação que podemos ter em nossa vida, de acordo com a ocasião. Ninguém precisa sair "catando" lembranças na memória feito um louco desvairado para entender que o jantar está pronto quando sente o cheiro gostoso da comida no fogão. Tampouco é necessário algum tipo de raciocínio consciente para retirarmos rapidamente a mão quando encostamos em uma panela quente.

Contudo, quando somos vítimas de um trauma severo, forma-se uma espécie de "calo" naquela superfície lisa, que incomoda e nos faz lembrar o tempo todo que ele existe. Quem consegue se esquecer de um calo no dedão do pé, que dói a todo instante, como se ainda calçássemos um sapato apertado? É praticamente impossível não se lembrar do calo, como também do próprio pé.

Essa analogia serve para compreendermos o que acontece no transtorno de estresse pós-traumático. É natural que as pessoas que vivenciaram situações traumáticas necessitem de um tempo de adaptação para que as experiências "paralisantes" e dolorosas possam ser processadas, diluídas e cicatrizadas, o que, em média, dura menos de um mês. Mas, para quem sofre do transtorno em si, aquela saliência na superfície da memória plana (que usamos de forma automática) frequentemente traz à tona todas as lembranças do ocorrido. O agente estressor (evento traumático) perpetua-se de forma intensa, provocando sequelas psíquicas em suas vítimas e mostrando sinais evidentes de que ele continua vivo na memória, como um dedo na ferida.

Estar cara a cara com o perigo e sob o risco de exposição a eventos traumáticos faz parte de nossa condição humana desde o início da evolução de nossa espécie. Quem poderá afirmar que nossos parentes mais longínquos (homens pré-históricos) também não foram vítimas do TEPT? Afinal, eles necessitavam da caça para a sobrevivência e se deparavam com os predadores mais terríveis e seus ataques inesperados. Porém, não é preciso ir muito longe para entender o que o trauma pode representar na vida de alguém, uma vez que nos últimos anos tivemos um aumento considerável na prevalência do transtorno de estresse pós-traumático na população.

A mídia está aí o tempo todo anunciando — de modo corriqueiro — as guerras, os conflitos, os massacres, os sequestros, os franco-atiradores e os terroristas modernos que se apresentam na forma de "lobos solitários". No entanto, a banalização da violência não impede que muitos de nós reflitamos sobre o real sofrimento de cada sobrevivente e sobre os prejuízos morais que dizem respeito à existência humana. Como será que esses acontecimentos trágicos marcarão cada um deles e como conduzirão a vida dali para a frente? Sonhos que escorrem pelas mãos, adaptação às novas mudanças. São os perversos reflexos da "força bruta" dos tempos modernos, que não distinguem credo, raça, sexo e idade, mas que infelizmente estão cada vez mais em alta. Como nos disse muito bem Vinicius de Moraes, ao se referir às consequências da bomba atômica sobre o Japão: "Pensem nas crianças, mudas telepáticas. Pensem nas meninas, cegas inexatas. Pensem nas mulheres, rotas alteradas".

Qualquer pessoa vítima de um trauma significativo pode sofrer de TEPT?

É de esperar que, quanto maior a gravidade do evento, maior a chance de a vítima desenvolver o TEPT. Felizmente, a maior parte das vítimas de uma experiência traumática não desenvolve o transtorno. A predisposição para que ele se instale varia de indivíduo para indivíduo e está muito relacionada à sensibilidade emocional de cada um, bem como ao tipo de atividade que exerce ou aos grupos de risco em que esteja inserido (determinadas profissões, militares, policiais etc.).

Uma pessoa emocionalmente mais sensível, depressiva ou com problemas de ansiedade prévios, por exemplo, pode desenvolver o TEPT mesmo que o estímulo traumático tenha sido pouco severo. Em contrapartida, determinadas pessoas que vivenciam experiências traumáticas de grande monta superam-nas de forma relativamente rápida e seguem o curso normal da vida, sem prejuízos significativos. São as predisposições pessoais e a capacidade individual de lidar com situações adversas que determinam quem cairá ou não nas "redes" implacáveis do transtorno.

Embora o TEPT só tenha sido reconhecido oficialmente como doença pela Associação de Psiquiatria Americana (APA) em 1980, diversos cientistas já percebiam seus sintomas ainda no século XIX, tanto que, desde então, o transtorno recebeu diversas denominações. Os sintomas característicos do TEPT foram exaustivamente estudados em ex-combatentes das grandes guerras, sobreviventes dos campos de concentração nazistas, Guerra do Vietnã, entre outros conflitos. Em função disso, por muito tempo foi batizado de "neurose traumática ou de guerra".

O reconhecimento como enfermidade distinta pelas entidades internacionais foi determinante para compreendermos que a perturbação psíquica decorrente de uma experiência traumática não é, em absoluto, uma simples fraqueza do indivíduo. De fato, existe um agente externo deflagrador do TEPT; portanto, a ajuda especializada, envolvendo medicações, psicoterapia e intervenções sociais, é fundamental.

O depoimento de Cristina, 35 anos, executiva, vítima de um sequestro-relâmpago há alguns anos, retrata bem as consequências de um trauma na vida de uma pessoa:

> O que deveria levar apenas alguns minutos demorou cerca de dezesseis horas de extremo sofrimento. Voltando de uma reunião de negócios, por volta das 19h, fui abordada em uma autoestrada por um carro com três homens armados até os dentes, que me obrigaram a parar no acostamento. Quanta ousadia! No meio de uma estrada movimentada, é simplesmente inacreditável! Parecia cena de cinema!
>
> Rapidamente dois deles invadiram meu carro e me fizeram passar para o banco de trás, onde fiquei abaixada e com uma arma na cabeça. Saíram em alta velocidade e senti que estávamos fora da estrada. Era o mato, o breu, e meu carro era o próprio cativeiro. Levaram minha bolsa, todos os meus pertences, e limparam minha conta bancária. Foi a noite mais longa da minha vida. Falavam alto, ameaçavam me matar, discutiam sobre o que fazer com o dinheiro, esperavam os "chefões" chegarem, ouviam músicas sem parar, incendiaram meu carro. Por volta das 11h fui libertada e não sei como tive essa sorte. Corri o mais que pude, de bolsos e mãos vazios, sem destino. Recebi, no caminho, ajuda de um senhor que percebeu meu sofrimento.
>
> No dia seguinte, o ocorrido estava estampado nos jornais. Enquanto eu era refém, minha família, amigos e colegas de trabalho se movimentaram o tempo todo. Sabiam que algo estranho havia acontecido.

> Minha vida de lá para cá virou um inferno! Felizmente meu desempenho profissional não caiu. Mas as cenas não me saem da cabeça, tenho pesadelos constantes, vivo sobressaltada, parei de dirigir, não consigo mais ouvir música e nunca mais voltei àquela estrada. Meus prazeres sumiram e não me divirto mais, não sorrio mais. Tudo perdeu a graça e me afastei dos meus amigos. Só procurei ajuda depois de muita insistência do meu marido. Meu casamento está desmoronando.

Histórias parecidas com o relato de Cristina infelizmente são cada vez mais comuns. Podemos dizer que atualmente o TEPT é diagnosticado com relativa frequência nos consultórios de psiquiatria do mundo todo e está tomando força expressiva, a exemplo do que ocorreu com a depressão e o pânico.

O reconhecimento do problema

De acordo com a APA, o primeiro aspecto a ser verificado é se existe de fato um agente causal de natureza traumatizante. Esse agente estressor deve ser suficientemente forte na vida da pessoa, assim como ameaçador à sua vida, à sua integridade ou à vida de outras pessoas. Enfim, para se diagnosticar o TEPT, em primeiro lugar deve-se ter a certeza de que algum fato ou evento expressivo tenha ocorrido e que fuja aos padrões rotineiros da vida desses indivíduos. A resposta ao evento traumático deve envolver medo intenso, impotência ou horror, e a perturbação deve causar um sofrimento clinicamente expressivo, afetando o funcionamento social, ocupacional, acadêmico ou de outras áreas significativas da vida do indivíduo.

É importante esclarecer que nem sempre os sintomas aparecem logo após o evento traumático, podendo levar dias a meses até seu surgimento. Também é sempre bom ter em mente que ocasiões de extrema relevância para alguns podem não afetar os outros da mesma maneira e intensidade. Portanto, um dos fatores que caracterizam o TEPT é o fato de os indivíduos permanecerem com o trauma após o "tempo normal" que a maioria de nós necessita para retornar ao curso natural da vida. Por isso, é fundamental ressaltar que os sintomas característicos do TEPT devem permanecer por um período superior a um mês. Um período inferior a esse é denominado *transtorno de estresse agudo*.

Outro fator importante para se diagnosticar o TEPT é o fato de a pessoa apresentar recordações vivas, intrusivas (involuntárias e abruptas), do acontecimento traumático. O indivíduo revive persistentemente a situação, na forma de recordações aflitivas e repetitivas. Nesse caso, incluem-se imagens, pensamentos, percepções (olfativas, gustativas, auditivas, visuais ou táteis), pesadelos ou flashbacks (como cenas de um filme) inerentes ao evento.

A pessoa também pode sentir um sofrimento psicológico intenso quando exposta a fatos que lembram o trauma original, com fortes respostas fisiológicas que se assemelham ao ataque de pânico: taquicardia, sudorese intensa, ondas de frio ou calor, sensação de desmaio, falta de ar etc.

O gatilho para reviver recordações dolorosas com extremo realismo pode estar "à espreita" nos pequenos detalhes. Certa vez ouvi de um paciente, vítima de um assalto, que todas as vezes que passava perto de uma oficina mecânica ou sentia o cheiro de graxa retomava as lembranças do assalto e revivia com riqueza de detalhes tudo o que lhe acontecera naquele dia. Durante a investigação encontramos a explicação: um dos assaltantes usava um macacão sujo de graxa. A partir desse estímulo inicial, todas as lembranças vinham à tona, atormentando sua vida: o cano frio da arma encostado em seu rosto e o renascimento de sua triste experiência.

Desse modo, muitos evitam de forma categórica tudo o que lhes lembra ou está relacionado ao evento traumático (pessoas, assuntos, lugares e atividades), pois pensar naquilo pode ser uma verdadeira tortura ou algo intolerável. Essa esquiva em não se lembrar dos acontecimentos pode deixar alguns portadores de TEPT incapacitados de recordar determinados aspectos importantes do evento traumático, como se os tivessem apagado de sua memória (amnésia).

Em muitos pacientes, também podem ocorrer sentimentos de anestesia em relação às emoções (afetos), como um embotamento emocional, que não apresentavam antes do ocorrido. São os sentimentos de anulação de seus prazeres, que foram sufocados pelas lembranças mais fortes e marcantes. Esses sintomas são conhecidos como "anestesia emocional" ou "torpor psíquico" e, com frequência, determinam o afastamento de pessoas importantes de seu convívio. Alguns pacientes apresentam sensações de futuro abreviado, como se fossem morrer em breve, e dessa forma as perspectivas de tempos melhores e de planos prazerosos se encontram bastante comprometidas e deturpadas pelo trauma.

Outros sintomas muito frequentes estão relacionados a irritabilidade, explosão de raiva, insônia, dificuldade de concentração, hipervigilância (estado de alerta permanente) ou respostas exageradas a estímulos normais e corriqueiros (sobressaltos, sustos).

Muitos podem, até mesmo, desenvolver fortes sentimentos de culpa por terem sobrevivido ao evento traumático, autodepreciação e depressão, fato que não deixa de ser complicador do problema. Em casos raros, a pessoa experimenta quadros dissociativos (perda da realidade), de tempo variável, que podem ser confundidos com alucinações, muitas vezes encontradas em esquizofrenias e psicoses.

Além da depressão, outros transtornos psiquiátricos podem se associar ao TEPT, como: transtorno de pânico, agorafobia, transtorno obsessivo-compulsivo (TOC), fobia social, fobia específica, abuso de substância (dependência química), entre outros.

Outro exemplo de sequelas psicológicas envolvendo uma situação traumática pode ser verificado no relato de Marina, 21 anos, universitária, que me foi encaminhada por seus pais, que não entendiam o comportamento da filha:

> No final do ano passado, fui estuprada à noite, numa rua quase deserta. De lá para cá as coisas nunca mais foram as mesmas. Ando triste, choro à toa, irrito-me com facilidade e não tenho a menor paciência com os homens. Tenho a impressão de que vão me atacar a qualquer momento. Nunca contei nada pra ninguém, pois morro de vergonha de tudo e não quero magoar meus pais. Lembro-me perfeitamente bem da cor do carro, do cheiro e do seu estofamento estampado. As cenas não saem da minha cabeça, não consigo entrar mais num carro parecido com aquele nem passar perto daquela rua. Tenho pesadelos com cenas de violência e estupro, às vezes envolvendo muitas pessoas ao mesmo tempo. Acordo quase todas as noites, e por isso tenho faltado às aulas. Passei a beber, coisa que achei que nunca faria, pois me alivia um pouco a dor das cenas de horror por que passei. Preciso esquecer, mas não consigo!

Depois do primeiro mês, o transtorno de estresse pós-traumático é considerado *agudo* se a duração dos sintomas for inferior a três meses, e *crônico*, se for superior a esse período. Quanto às manifestações dos sintomas, a APA especifica *com início tardio* se pelo menos seis meses decorreram entre o evento traumático e o início dos sintomas.

As crianças também podem sofrer de TEPT?

Em relação às crianças, deve-se ter uma atenção especial. Devemos estar de olhos bem abertos quanto ao seu comportamento diante das situações traumáticas e suas reações subsequentes, pois muitas vezes elas se expressam de maneira diferente dos adultos. Além do mais, nem sempre os pais ou os cuidadores têm consciência de que elas foram vítimas de situações dolorosas ou que não conseguiram superar o momento difícil. As respostas poderão vir camufladas nas mais diversas formas, sinalizando que estão sofrendo e necessitam de ajuda especializada.

Entre elas, estão:

- comportamento agitado ou desorganizado;
- jogos repetitivos, com expressão de temas ou aspectos do trauma: brincar de carrinho com colisões frequentes, caso tenham sofrido ou testemunhado acidentes de carro, por exemplo;
- ocorrência de sonhos amedrontadores sem um conteúdo identificável; reencenação específica do trauma, que pode ser demonstrada também por desenhos;
- comportamento inibido.

Quem sofre mais... e a busca do conforto

Os estudos sobre o TEPT ainda estão em fase embrionária, pouco se sabe sobre o transtorno e a predisposição de cada indivíduo. No entanto, segundo a APA, algumas pesquisas já apontam que, dentre as pessoas que sofreram um trauma severo, 14% e 33% desenvolveram o TEPT, independentemente do gênero ou idade. No entanto, indivíduos imigrantes de regiões onde há intensos conflitos ou guerras civis podem apresentar índices elevados de TEPT. Nos Estados Unidos, de acordo com a mesma instituição, as pesquisas apontam que cerca de 8% da população já desenvolveu ou vai desenvolver os sintomas, configurando-se uma patologia. No Brasil, ainda não há dados específicos sobre o transtorno.

É essencial que o indivíduo procure ajuda logo após o trauma, ainda na fase aguda, pois as chances de melhora e superação das recordações aflitivas são maiores. O tratamento precoce também diminui as chances de o indivíduo desenvolver transtornos secundários ao TEPT (depressão, pânico, abuso de drogas etc.), que podem trazer sequelas para o resto da vida, com prejuízos evidentes nos setores sociais, profissionais ou acadêmicos.

O tratamento medicamentoso é feito com o uso de substâncias que ajudam a regularizar os níveis de neurotransmissores cerebrais, como os Inibidores Seletivos da Recaptação da Serotonina (ISRS), Inibidores Seletivos da Recaptação da Serotonina e Noradrenalina (IRSN) ou antidepressivos tricíclicos e alguns ansiolíticos, melhorando o quadro ansioso ou depressivo.

Com relação à psicoterapia, algumas teorias e estudos sobre o TEPT demonstram resultados satisfatórios, em particular a terapia cognitivo-comportamental (TCC). Técnicas de exposição prolongada à situação traumática ou imaginação — relembrar com detalhes a situação — vêm sendo utilizadas com eficácia. Também é necessário treinar o paciente para que se habitue às situações de estresse, incluindo técnicas de relaxamento e de reestruturação de padrões cognitivos (maneiras de pensar e interpretar os fatos). Pela TCC, é possível diminuir o quadro ansioso, trabalhar os sentimentos de culpa e de raiva que se associam ao transtorno, entre outros desconfortos, para "abrirmos o acesso" às lembranças positivas que ocuparão o lugar daquelas situações desagradáveis.

Em relação às crianças e aos adolescentes, é necessário que o terapeuta fale sobre o evento traumático e oriente o paciente a não se esquivar do tema ou dos pensamentos relacionados à situação vivenciada. Recursos como brinquedos ou desenhos podem facilitar a comunicação, além de serem importantes para a identificação dos fatos mais marcantes.

O apoio familiar e de amigos também é fundamental para que o paciente não se sinta desamparado e à mercê de seus transtornos e angústias.

É importante que o médico e o terapeuta nunca percam de vista que o indivíduo adoecido não é simplesmente uma máquina a ser consertada, e que não existe um modelo fixo de vida saudável. Cada um de nós é um somatório de corpo físico, mente, emoções, essência original e experiências singulares. A exposição às situações estressantes e severas pode vir da imposição da própria vida e da história de cada um. Dessa forma, na avaliação do paciente, tais fatores não podem ser ignorados, e sim tratados como um todo e com o acolhimento que esse ser único merece.

As pessoas que foram vítimas de traumas podem passar muito tempo desorientadas e sofrendo, portanto é necessário fornecer-lhes instrumentos suficientes para que entendam o processo que vivenciaram. Palavras de encorajamento que demonstrem que a saúde verdadeira está na aceitação da vida como ela realmente se apresenta (com todas as imperfeições e contradições) são fundamentais para o despertar de um potencial maior.

Os desafios com os quais nos deparamos estimulam virtudes interiores a fazer mudanças para um novo recomeço. É fundamental perceber que nossas vivências anteriores foram necessárias para chegarmos até aqui, no momento presente, mas, como bem disse o cantor e compositor Belchior: "o passado é uma roupa que não nos serve mais".

As diferentes manifestações do TOC causam grandes sofrimentos aos seus portadores, que podem se sentir fracos, loucos, incapazes, autocríticos, o que gera culpas e depressão.

14
TRANSTORNO OBSESSIVO-COMPULSIVO (TOC): O PLANALTO DA ANSIEDADE

Quando escrevi o livro *Mentes e manias*, no qual expus de forma clara e objetiva o transtorno obsessivo-compulsivo (TOC), fiquei e até hoje fico muito impressionada com a quantidade de pessoas que me procuram, seja para consultas e tratamento, seja em busca de orientação por carta, e-mails e redes sociais. Pude perceber que muitos se identificaram com o assunto, mas sofriam calados, sozinhos, envergonhados, sem terem a mínima ideia de que se tratava de um problema para o qual existe tratamento.

As manifestações dos leitores demonstraram que o objetivo havia sido alcançado: levar o maior número de informações possível ao público sobre os mistérios de um transtorno que afeta milhões de pessoas em todo o mundo, norteando-os e despertando o desejo de buscar ajuda especializada, não somente para si mesmos, como também para as pessoas de seu convívio.

O transtorno obsessivo-compulsivo é, sem sombra de dúvida, o mais complexo quadro entre os transtornos de ansiedade, que intriga tanto os profissionais da classe médica quanto os da psicologia.

Ao representar os transtornos ansiosos em um gráfico de frequência e intensidade variáveis, podemos observar que o TOC é o plano mais alto (planalto) da ansiedade, a qual é vista de forma persistente e duradoura, representada por um platô. Já o transtorno do pânico representa a maior intensidade que a ansiedade pode alcançar no menor espaço de tempo, exemplificada graficamente por picos altos e agudos, porém de curta duração.

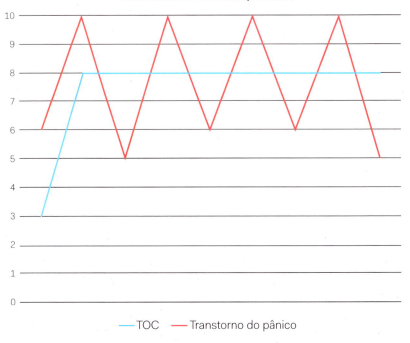

Figura 4. Elaborada por dra. Ana Beatriz Barbosa Silva e dra. Lya Ximenez.

O TOC é um transtorno que traz um intenso sofrimento aos portadores, que em geral sofrem sozinhos e tentam esconder o problema dos familiares. Sendo assim, mesmo já tendo escrito de forma clara e acessível sobre esse assunto em um outro livro, eu não poderia deixar de citá-lo aqui, mesmo que de maneira sucinta e fornecendo apenas informações básicas.

Portanto, faço os seguintes questionamentos: você tem alguma mania que lhe causa grande incômodo e consome muito tempo de sua rotina? Preocupa-se excessivamente com a limpeza ou organização, lava as mãos várias vezes ao dia ou confere se fechou o gás, portas e janelas com receio de que algo muito desagradável possa acontecer? Tem pensamentos persistentes, que não fazem nenhum sentido, mas provocam muita angústia e prejudicam sua vida?

Se você respondeu *sim* a alguma dessas perguntas ou se identificou com situações muito parecidas, pode estar sofrendo de transtorno obsessivo-compulsivo e precisando de ajuda especializada.

O que é TOC?

Como o próprio nome já diz, o transtorno obsessivo-compulsivo (TOC) é caracterizado pela presença de *obsessões* e *compulsões*. As *obsessões* são pensamentos repetitivos, negativos, estressantes, de natureza sempre ruim ou desagradável, que surgem de forma insistente e intrusiva, como se fossem "discos arranhados" que tocam sem parar. Esses pensamentos obsessivos, por mais que pareçam absurdos ou irreais, tornam-se incontroláveis. Mesmo que seja improvável que tais pensamentos se concretizem no plano real, os portadores supervalorizam a possibilidade de eles acontecerem e, por isso, desenvolvem comportamentos repetitivos (*compulsões*) na tentativa de evitar que ocorram. É uma forma de compensar e aliviar o estado ansioso em que se encontram.

Assim, as *compulsões*, conhecidas popularmente como "manias", são comportamentos repetitivos que a pessoa se obriga a ter na tentativa de anular as consequências de seus pensamentos *obsessivos*, que ela teme que se realizem. Como exemplos, posso citar a pessoa que checa dezenas de vezes as trancas de suas portas e janelas porque pensa sem parar que alguém pode invadir sua casa em função de um mero "descuido"; ou, ainda, conta infinitas vezes determinados objetos, com medo de perdê-los. Mesmo sabendo que tudo está certo, o medo e a ansiedade são tão intensos que é quase impossível parar a verificação. As compulsões também são conhecidas como rituais e podem ser expressas das mais diversas formas, dependendo de cada caso. Muitas vezes, não têm uma relação direta, pelo menos plausível, com o pensamento em si.

Uma boa forma de você entender as obsessões no TOC é fazer o seguinte teste: nos próximos dez segundos, feche os olhos e *não* pense na cor azul. Percebeu a dificuldade? Se você fez o teste, notou que durante esse período foi impossível não pensar nessa cor. Com certeza você também deve ter sentido que, quando deseja muito não pensar em alguma coisa, paradoxalmente, esse pensamento se fixa em sua mente de forma incontrolável. É automático.

É exatamente esse descontrole (de pensamento) que leva a pessoa a praticar os atos compulsivos. Porém, os pensamentos dos que sofrem de TOC — e que, consequentemente, levam à prática de rituais (compulsões) — sempre são de conteúdo ruim, catastróficos e persistentes. Quanto mais o portador de TOC tenta se livrar do pensamento ruim, por meio das manias, na tentativa de exorcizar as obsessões geradoras de grande ansiedade e sofrimento, mais ele se torna presente e repetitivo, mesmo sabendo que não faz nenhum sentido.

Henrique, um comerciante de 26 anos, relata a forma como surgiram os primeiros sintomas e a proporção que o problema tomou com o passar dos anos:

> Tudo começou aos 15 anos. Nessa época, eu me sentia responsável pela minha irmã mais nova e gostava de me impor. Mas Cristina adoeceu e faleceu antes que eu completasse 16 anos. A partir daí, passei a pensar que ela morreu por minha culpa, pela forma como eu a tratava. Jamais me perdoei por isso! Comecei a ter pensamentos estranhos que me perturbavam tanto que eu me obrigava a fazer certas tarefas, caso contrário, mais alguém da minha família iria morrer. Assim, passei a organizar simetricamente

todos os livros da estante, os CDs e tudo o que encontrava pela frente, sem nenhum controle. Tinha total consciência de que isso era absurdo, mas também a nítida impressão de que, se eu não o fizesse, poderia prejudicar outras pessoas. Depois, impus-me a andar sempre com alguma roupa branca, principalmente a camisa. Acreditava que qualquer outra cor pudesse atrair coisas ruins. Um dia, um amigo comentou que seu filho de apenas um ano e meio não poderia mais tomar leite por recomendação do pediatra. Desde então, nunca mais ingeri leite ou qualquer derivado de leite, com medo de adoecer ou morrer. Com o tempo, os pensamentos ruins e as manias foram aumentando e hoje estão num nível insuportável. Todos dizem que sou esquisito, sistemático, metódico, mas pra ser sincero acho que estou enlouquecendo. Pedi férias no trabalho e não consigo mais raciocinar direito.

O medo e a ansiedade são os combustíveis que alimentam o pensamento obsessivo e, por consequência, a compulsão (manias). Seu portador vive em uma prisão emocional e mental de que somente ele tem a chave, mas, por medo ou falta de entendimento e orientação, não consegue fazer uso dela. O medo e a ansiedade podem se tornar insuportáveis se o indivíduo não der vazão à compulsão, que é o caminho mais curto para se livrar do pensamento desagradável. Infelizmente, esse caminho que parece mais fácil, na realidade, é uma grande cilada!

Segundo algumas pesquisas, as pessoas com TOC levam cerca de dez anos, após o surgimento dos primeiros sintomas, para procurar ajuda profissional. Isso se deve aos seguintes fatores:

- o portador sabe que esses pensamentos são absurdos;
- acredita que, por si próprio, conseguirá controlá-los, nem que seja dando vazão aos seus atos compulsivos;

- acredita que essas compulsões não afetarão drasticamente sua vida;
- tem vergonha de expor aos outros seu problema.

Muitas vezes os familiares percebem alterações no comportamento do portador de TOC, mas consideram esses hábitos repetitivos como "esquisitices" e, por falta de informação, não acreditam se tratar de uma doença. A atitude da família só começa a mudar à medida que o caso progride e piora de tal forma que compromete a rotina diária desse indivíduo, assim como a de todos os envolvidos.

É muito comum que uma pessoa com TOC, que, habitualmente, é muito pontual e irrepreensível no cumprimento de seus deveres, acabe mudando esse comportamento, uma vez que a realização dos rituais (manias) impostos por ela mesma demanda um tempo considerável. Banhos demorados, estar impecavelmente arrumado antes de sair de casa ou verificar todos os detalhes às vezes consome horas e interfere nos compromissos sociais, profissionais e acadêmicos do indivíduo.

Thaís, de 27 anos, secretária bilíngue, relata o quanto o TOC prejudicou sua vida pessoal:

> Há cerca de quatro anos comecei a sentir um incômodo de que meus dentes estavam sujos com certa frequência. Toda vez que isso acontecia, me sentia melhor ao escová-los. O fato é que eu ainda não me convencia de que eles já estavam limpos e precisava escová-los de novo pra tirar aquela sensação desagradável. Com o passar do tempo, isso foi piorando e precisava repetir a escovação por quinze, até vinte vezes ao dia. Se eu tentasse me controlar, sentia falta de ar, palpitação, tremores e muito medo. A situação foi se agravando, a

ponto de desgastar o esmalte dos dentes, perder alguns deles e ter problemas na gengiva. Depois disso, sentia-me suja por inteiro, precisava tomar banho várias vezes ao dia e ficava muito tempo debaixo do chuveiro. Só saía do banho quando o sabonete acabava. Com isso, eu, que sempre fui muito certinha e responsável, comecei a me atrasar para o trabalho, e meu rendimento despencou. Sem falar na minha aparência, que piorava a olhos vistos, com a pele e os dentes visivelmente prejudicados. Minha autoestima desapareceu, e a depressão tomou conta de mim por eu me ver daquela maneira. Não tive mais chances, fui demitida e hoje estou desesperada.

Os sintomas de TOC envolvem as seguintes alterações:

- *do comportamento*: rituais, compulsões, repetições, evitações;
- *dos pensamentos*: preocupações excessivas, dúvidas, pensamentos de conteúdo inapropriado, obsessões;
- *das emoções*: medo, desconforto, aflição, culpa.

Alguns casos de TOC evoluem de forma tão extrema que o portador não consegue mais esconder o problema, expondo-se em situações bizarras e muito constrangedoras.

Quais são as compulsões ou manias mais frequentes?

- *Mania de limpeza e lavagem*: tomar banhos intermináveis, lavar repetidas vezes as mãos até sangrarem, ter medo de se contaminar ao tocar determinados objetos, limpar os objetos com diversos produtos de limpeza etc.
- *Mania de ordenação ou simetria*: ritual de guardar ou ordenar determinados objetos sempre da mesma forma, na

mesma posição ou ainda com a mesma simetria em relação aos demais objetos. O ex-jogador inglês de futebol David Beckham admitiu, em abril de 2006, que sofria de TOC e precisava colocar os objetos em linha reta ou em pares. Segundo ele, ao chegar a um hotel, antes mesmo de relaxar, precisava guardar todas as revistas e livros em uma gaveta: "Tudo tem que ser perfeito".[1]

- *Mania de verificação ou checagem*: conferir diversas vezes se trancou o carro, se o filho chegou da escola, se o despertador está programado para a hora certa, se desligou o gás do fogão etc. Mesmo que tudo esteja impecável, a dúvida sempre invade a mente de quem sofre de TOC, que acaba por repetir o movimento infinitas vezes.
- *Mania de contagem*: não conseguir subir uma escada sem contar o número de degraus, contar as listras da camisa de seu interlocutor durante uma conversa, quantas janelas tem o prédio ao lado cada vez que um pensamento desagradável invade sua mente, entre outros.
- *Mania de colecionamento*: guardar uma série de inutilidades, na maioria das vezes verdadeiros "lixos", como garrafas vazias, jornais velhos, por puro medo de que possa um dia precisar daquelas "quinquilharias" e elas não estejam mais à mão. Muitas pessoas, ao ganhar ou comprar determinados objetos, em vez de usá-los imediatamente, guardam-nos por anos a fio, esperando uma ocasião especial, ou simplesmente por não conseguirem se desvencilhar deles. Muitas vezes a casa dessas pessoas vira um verdadeiro depósito de obje-

---

1. Disponível em: <http://www.dailymail.co.uk/tvshowbiz/article-381802/The-obsessive-disorder-haunts-life.html>. Acesso em: 16 jun. 2017.

tos de toda espécie, que as impede de se locomover dentro de seu próprio lar.
- *Mania de repetição*: ligar e desligar o interruptor de luz, apagar e reescrever, escrever a mesma frase várias vezes etc. Esse tipo de compulsão, na maioria das vezes, ocorre em conjunto com outras, tais como a de checagem e a de lavagem, por exemplo.
- *Mania mental*: normalmente são atos voluntários, como pensar em uma determinada frase ou som para anular certos pensamentos desagradáveis. Pode ocorrer por meio de rituais místicos, como rezar por horas a fio para evitar que algo ruim ocorra com uma pessoa querida. Pensar em números, frases, palavras repetidamente para afastar as ideias ruins que invadem sua mente também é comum.
- *Manias diversas*: não usar marrom ou outra cor, cuspir ao passar em uma esquina com velas, não cortar os cabelos ou unhas por medo de que algo aconteça etc. Em geral estão relacionadas a evitações e superstições, mas sempre com intenso sofrimento.

Não raro os pacientes também relatam obsessões de conteúdo sexual ou de caráter religioso, o que envolve sentimentos de muita culpa. Um exemplo desse tipo de obsessão pode ser observado no depoimento de Carla, 22 anos, universitária, que descreve como tentou resolver seu problema:

> Quando eu tinha 15 anos, tive uma grave discussão com meu pai, que não aceitava de maneira alguma que eu namorasse. Passado esse conflito, comecei a ter pensamentos absurdos, sempre ligados a temas violentos, sexuais ou religiosos. Imaginava-

-me tendo relações sexuais com meu irmão mais novo; os santos nus, exibindo seus órgãos genitais; via-me matando uma criança; pensava num palavrão com o nome de Deus. Foi horrível. Lembro que me sentia muito culpada e achava que estava ficando louca. Não conseguia controlar meus pensamentos. Começava a rezar o pai-nosso quando esses pensamentos me "atacavam", mas nem sempre dava resultado. Passei a ter manias totalmente sem sentido para me livrar das ideias ruins, como encostar por repetidas vezes o queixo no ombro antes de dormir, deitar no meio da sala etc. Na época, não suportei e acabei contando aos meus pais o que estava acontecendo comigo. Ficaram apavorados: levaram-me a uma benzedeira, a um curandeiro e assim por diante. Há algum tempo li uma entrevista sobre o TOC e reconheci, em mim, muitos daqueles sintomas descritos. Mostrei aos meus pais, que procuraram ajuda de um psiquiatra e de uma psicóloga. Depois de um ano de tratamento já me sinto mais encorajada e aos poucos estou controlando meus pensamentos e minhas manias.

Todos nós podemos ser um pouco obsessivos, supersticiosos ou ter algumas manias, como forma de nos organizar melhor e de prevenir problemas. Na verdade, ser preocupado e ansioso na medida certa é bastante importante. No entanto, se isso passa de um determinado limite e chega a criar pensamentos e comportamentos repetitivos, que nos trazem sofrimento, que nos fazem perder horas de nosso dia, impedindo-nos de viver a vida de forma plena, é preciso acender a luz vermelha e procurar ajuda.

O TOC é um transtorno comum?

O TOC já foi considerado um transtorno raro, até porque as pessoas portadoras costumam esconder seus problemas, normalmente por vergonha, já que elas mesmas têm consciência do absurdo de seus pensamentos e compulsões. Mas, atualmente, estima-se que 2,5% da população sofra do problema. É possível que exista um contingente muito maior de portadores de TOC, pois, conforme as informações vão sendo divulgadas para o público leigo, mais condições tem o indivíduo de identificar o transtorno e buscar ajuda.

O transtorno costuma aparecer, em média, entre 20 e 29 anos de idade em mulheres, mas, entre os homens, o problema pode ser deflagrado ainda no início da adolescência. Um número relativamente grande de crianças também costuma aparecer no consultório com o quadro já instalado. O TOC tem um curso crônico e, à medida que o tempo passa, a tendência é piorar. Assim, quanto mais rápido forem feitos o diagnóstico e o tratamento adequado, mais chances o indivíduo tem de recuperar sua qualidade de vida e evitar que o problema interfira de forma dramática nos campos afetivo, social, profissional e acadêmico.

Qual a causa do TOC?

Quanto às causas do transtorno, ainda não se sabe com precisão, mas há um desequilíbrio neuroquímico em algumas áreas do cérebro, envolvendo principalmente o neurotransmissor serotonina. O mecanismo exato ainda não está totalmente esclarecido; no entanto, hoje já se tem muito mais dados importantes do que há algumas décadas. De qualquer forma, uma coisa é certa: o componente genético é muito forte, uma vez que é comum que várias pessoas da mesma família sejam acometidas pelo transtorno.

Os traços de personalidade que colocam uma pessoa sob risco de desenvolver o TOC são a ansiedade, o perfeccionismo, o desejo de ter tudo sob controle, um senso exagerado de responsabilidade e dever.

Como se trata o TOC?

É fundamental que o tratamento seja medicamentoso, pois visa corrigir os baixos níveis cerebrais de serotonina. A psicoterapia de abordagem cognitivo-comportamental também é de grande importância, pois atua de forma bastante objetiva e estruturada para que os portadores de TOC mudem suas ideias distorcidas em relação aos acontecimentos, ao ambiente e à vida em geral, bem como seus comportamentos repetitivos.

Para os casos graves ou que não obtiveram melhoras satisfatórias com os tratamentos habituais, existem hoje, ainda em fase experimental, mas já com resultados clínicos animadores, outras possibilidades terapêuticas. Como tratamento não invasivo, há a Estimulação Magnética Transcraniana Repetitiva superficial e profunda que, em minha prática clínica, tem oferecido bons resultados com pacientes graves ou com sintomas residuais incapacitantes. Como método invasivo, para casos extremamente graves, a neurocirurgia ou implantação de microchip deve ser avaliada na balança de risco/custo-benefício. Por exemplo, a neurocirurgia de cingulotomia já foi aprovada pelo FDA (Food and Drug Administration) para o tratamento dos casos de TOC grave.

Mesmo após as melhoras substanciais, o ideal é manter a medicação por pelo menos dois anos, para evitar recaídas. Em casos mais graves, há necessidade de se usar a medicação, em baixas doses, durante toda a vida.

Se a pessoa estiver passando por momentos de estresse (psicológico ou biológico), os sintomas podem aparecer ou se intensificar. Por isso, o tratamento deve conter também um componente de mudança de estilo de vida, para minimizar a suscetibilidade ao estresse. A prevenção é um fator importante.

As diferentes manifestações do TOC causam grandes sofrimentos aos seus portadores, que podem se sentir fracos, loucos, incapazes, autocríticos, o que gera culpas e depressão. Os familiares também devem estar muito bem informados a respeito do assunto, pois muitas vezes, com a melhor das intenções, acabam se envolvendo nos rituais do paciente e contribuindo para que o problema aumente. De maneira inversa, por falta de informação, a família também pode ser um fator de agravamento do problema, ao debochar, ironizar, ridicularizar ou expor o portador de TOC a situações desagradáveis.

Carinho, apoio e compreensão são fatores que não podem faltar quando o médico ou terapeuta está diante de um paciente com transtorno obsessivo-compulsivo. No entanto, é fundamental enfatizar que o tratamento só será bem-sucedido quando houver muita paciência, vontade e persistência, por parte tanto do portador quanto das pessoas de seu convívio. O tratamento, para que seja eficaz, depende de todos, mas principalmente daquele que sofre do problema. Além disso, para despertar desse sonho ruim, é necessário se flexibilizar, entender e aceitar as fatalidades e os acontecimentos inevitáveis da vida.

A saúde integral (mente, corpo e espírito) nos guiará a uma versão melhor de nós mesmos para que não estejamos tão vulneráveis à ansiedade tóxica e a seus efeitos prejudiciais.

15
TRATAMENTOS NÃO MEDICAMENTOSOS ESSENCIAIS PARA SUPERAR A ANSIEDADE

O primeiro passo para superar a ansiedade e o medo excessivos é reconhecer e aceitar seus próprios medos. Todos nós temos medos — grandes ou pequenos —, e você não é exceção. Se isso estiver causando prejuízos significativos em diversos setores de sua vida, o segundo passo é procurar ajuda especializada. Você de fato pode estar sofrendo de um *transtorno de ansiedade* e necessitará de diagnóstico e tratamento adequados.

O que fazer para superar a ansiedade?

1. Aceitação e disciplina em seu tratamento

Caso o diagnóstico seja feito, leve o problema e os tratamentos a sério. Os transtornos de ansiedade devem ser encarados como qualquer outra doença (hipertensão, diabetes, enfisema etc.). Não se envergonhe nem esconda seu problema, pois isso só faz o "monstro" interno crescer.

2. Conhecimento é uma ferramenta fundamental para a transformação e a superação

Aprenda tudo sobre seus medos e os transtornos que eles podem lhe causar. Procure leituras especializadas, troque experiências com outras pessoas, assista a filmes que retratem o problema.

Quanto mais você souber sobre o assunto, mais aumentará sua munição contra o "inimigo".

3. A união faz a força

Procure suporte de outras pessoas. Tentar melhorar sozinho é sempre muito mais difícil. Familiares, amigos próximos e associações de portadores de transtornos de ansiedade podem ser bases de apoio importantes e ajudam bastante no tratamento.

4. Boa relação com seu médico e psicoterapeuta e participação ativa no tratamento

Participe ativamente do processo de sua recuperação. Busque alternativas de melhora, empenhe-se nas tarefas propostas por seu terapeuta e mantenha sempre um diálogo franco e aberto com seu médico. Esperar passivamente que os sintomas aliviem não é suficiente. Vencer os medos depende de você querer se ajudar e, lembre-se, ninguém poderá fazer isso por você.

Coadjuvantes no tratamento

Além dos pontos citados, existem muitas alternativas que contribuem para baixar o nível de ansiedade. A seguir, descrevo aquelas que considero fundamentais como coadjuvantes no tratamento dos transtornos de ansiedade:

1. Intestino saudável, cérebro saudável

A produção dos neurotransmissores serotonina e dopamina no intestino é tão ou mais importante quanto a que ocorre no cérebro. Possuímos um Sistema Nervoso Entérico que ocupa o segundo lugar no corpo com maior número de neurônios. O médico e professor Helion Póvoa, hoje falecido, já alertava sobre o fato em seu livro O *cérebro desconhecido*.

O intestino também é responsável pela maior parte da resposta imunológica do corpo, e nosso trato gastrintestinal (TGI) é a maior porta de entrada de substâncias e micro-organismos, fundamental na captação e tradução desses sinais biológicos e químicos para o corpo.

Alterações no trânsito intestinal, retenção de fezes, má digestão e excesso de gases podem provocar inflamação na mucosa do TGI, fazendo com que a produção de neurotransmissores daquela região, bem como a absorção de medicamentos e nutrientes, fique bastante comprometida. Tais fatores decorrem de inúmeros motivos, mas, independentemente da causa, restabelecer o funcionamento intestinal é algo essencial para a saúde do cérebro e do organismo.

Nos dias atuais, o número de pessoas com alergias ou intolerância alimentares tem crescido de forma expressiva. O fato é bastante compreensível, uma vez que a indústria de produtos alimentícios visa o máximo de lucro gerado pelas vendas expressivas de seus produtos. Para que esses alimentos se tornem palatáveis e tenham maior durabilidade nas prateleiras dos supermercados, são utilizados milhares de substâncias químicas sintéticas (nada naturais) que se destinam a dar sabor e aromas irresistíveis, como também conservar o alimento a fim de torná-lo viável para consumo por um longo período.

Manter nossa flora bacteriana interna equilibrada e saudável é indispensável para a saúde mental, tornando-se muitas vezes necessário o acompanhamento com nutricionista e tratamento com pré- e probióticos para garantir uma restauração adequada e duradoura de micro-organismos benéficos ao bom funcionamento intestinal.

2. Boa hidratação

Um aspecto fundamental é a ingestão de água em quantidades generosas, algo entre dois e três litros por dia. E tem que ser água mesmo, já que aproximadamente 90% de nosso sangue é constituído de água. Assim, se quisermos melhorar a circulação sanguínea do corpo e, especialmente, do cérebro, para que as medicações sejam bem absorvidas e distribuídas entre neurônios e mais tarde metabolizadas e eliminadas, temos que fazer o sangue circular bem pelo organismo e chegar com pressão adequada nos rins, onde suas frações tóxicas são eliminadas com grande eficiência. Além da eliminação dos fármacos pela urina, as catecolaminas endógenas (como a adrenalina e noradrenalina) produzidas pelo estresse também são excretadas pelos rins, sendo outro aspecto importante sobre a ingestão de água em doses generosas.

Outra questão muito relevante é a eliminação adequada das fezes. Boa parte da água ingerida é absorvida no intestino delgado e depois na porção final do intestino grosso; assim, se não houver uma hidratação adequada, as fezes se tornam mais endurecidas, assumindo um aspecto de "pedrinhas" (fecalomas), difíceis de ser eliminadas. Isso pode causar obstrução parcial do intestino, estimular a proliferação de bactérias e o aumento da produção de gases, bem como ocasionar a retenção de toxinas e alteração da absorção intestinal.

3. Somos o que comemos

Cada parte de nosso corpo foi gerada a partir de nutrientes originários de alimentos. Por exemplo, todo ferro que temos em nosso corpo foi adquirido por meio da alimentação, que é responsável por transportar o oxigênio no sangue (nas hemácias) para todos os tecidos de nosso corpo, e assim por diante. Dessa maneira, tudo o que é absorvido dos alimentos vai para determinada parte do organismo e tem influência direta em nosso equilíbrio, em nossa fisiologia e, por consequência, em nossa saúde. A medicina tradicional chinesa e a medicina ayurvédica (indiana), práticas terapêuticas milenares, consideram a alimentação base de diversos tratamentos, como também causa de desequilíbrios e doenças. Sendo assim, o tratamento é feito a partir de recomendações dietéticas individualizadas, de acordo com a constituição de cada um e dos desequilíbrios ali presentes.

Hoje em dia, o impacto da nutrição tanto nas causas como nos tratamentos e prevenções de doenças tem sido cada vez mais estudado e reconhecido pela medicina ocidental. De forma bem particular, acredito que esse assunto é tão essencial para nossa saúde como um todo que dediquei um capítulo para falar com mais detalhes sobre os alimentos que podem contribuir para a diminuição da ansiedade.

4. Dormir bem é essencial

Como já discutido anteriormente, o sono é um dos pilares principais para uma vida equilibrada e saudável. Se levarmos em conta que necessitamos de sete a oito horas de sono por noite, constataremos que iremos passar cerca de 30% de nossa vida dormindo. Portanto, aproveitar bem esse tempo de recarga é crucial à nossa existência, sobretudo para os ansiosos. O estresse é um elemento que faz com que nossa "bateria" se descarregue mais rapidamente, podendo ter efeito cumulativo quando a recarga noturna não é feita de forma adequada.

O sono fornece energia para todo o organismo, revigora o físico e a mente, melhora a disposição para a prática de atividades físicas, aumenta a resistência a situações de estresse e fortalece o sistema imunológico, protegendo-nos de doenças virais ou bacterianas e ajudando na produção de hormônio do crescimento (GH), que faz com que as crianças e os adolescentes cresçam e os adultos mantenham sua massa óssea e muscular.

Por tudo isso, restabelecer um sono em quantidades adequadas (sete a oito horas por noite) e de qualidade (com fases REM e de sono profundo presentes, sem apneias obstrutivas ou movimentos bruscos com diversos despertares) é fundamental para o tratamento e a prevenção de transtornos ansiosos.

5. Atividade física

O exercício físico é uma parte importante em um programa de redução de ansiedade e do estresse. A descarga de tensão física e emocional, que acompanha uma vigorosa sessão de exercícios, reduz direta e imediatamente a ansiedade e o estresse. De mais a mais, os benefícios fisiológicos, a longo prazo, da prática de exercícios físicos reforçam sua resistência ao estresse e promovem mudanças psicológicas benéficas.

Além de melhorar o funcionamento cardiovascular, o exercício regular também reduz a ansiedade pelo aperfeiçoamento do funcionamento cerebral. O exercício desobstrui e dilata os vasos sanguíneos do corpo e do cérebro, favorecendo a oxigenação e a circulação. Assim, mais nutrientes podem fluir para a execução das funções cerebrais e mais produtos tóxicos podem ser removidos do cérebro.

O exercício regular não só induz progressos funcionais no cérebro, mas também altera de forma surpreendente a própria química cerebral de um modo muito positivo, por meio das endorfinas beta. Essas substâncias, além de possuírem efeito sedativo para a dor, apresentam um efeito espetacular sobre a disposição e o ânimo. Reduzem também a ansiedade e a tensão nervosa.

Muitas pessoas transformam a prática de exercícios físicos em um bom hábito. E isso é muito salutar, pois substituem, conscientemente, os modos mais prejudiciais de como lidavam com o estresse no passado, como abusar do álcool, comer em excesso ou adotar um comportamento agressivo.

Exercitar-se regularmente, entre três e cinco vezes por semana, pode até ser considerado um vício para alguns, mas ninguém pode negar que se trata de um vício muito positivo que acarreta efeitos benéficos para a saúde. Brincadeiras à parte, fazer exercícios é muito importante desde que de maneira equilibrada, saudável, e que isso não se torne uma obsessão, principalmente por razões estéticas.

6. Tratamento e estabilização de outras doenças presentes

Em caso de outros problemas de saúde como diabetes, hipertensão, colesterol alto, hipo ou hipertireoidismo etc., o tratamento e a estabilização dessas comorbidades são essenciais para se obter o equilíbrio no organismo. Não podemos nos esquecer de que qualquer carga de estresse para o corpo pode desencadear uma cascata de liberação de substâncias que estão intimamente relacionadas à ansiedade.

7. Técnicas para aprender a relaxar seu corpo e sua mente

Incluir exercícios de relaxamento no tratamento da ansiedade e do estresse apresenta resultados muito positivos. A maioria dos pacientes relata uma sensação de maior bem-estar com a utilização das técnicas de relaxamento e também assinala melhoras significativas em sua saúde física.

As pessoas com sintomas constantes de ansiedade e tensão nervosa são invadidas por um fluxo contínuo de ideias negativas. Ao longo do dia, sua mente consciente é inundada por pensamentos e fantasias que geram sentimentos conturbados. A maioria desses sentimentos refere-se aos problemas de saúde, de finanças ou de relações pessoais e de trabalho. Essa implacável repetição mental de questões não resolvidas pode reforçar os sintomas de ansiedade e ser algo extenuante. É fundamental, para essas pessoas, aprender como deter esse constante diálogo interior e aquietar a mente. Uma das melhores formas é aprender a meditar.

a. Meditação transcendental
A meditação sempre traz benefícios e é importante também como ferramenta de autoconhecimento. Existem diversas técnicas de meditação, cada uma com sua utilidade e efeito; aqui irei apenas mencionar a técnica da Meditação Transcendental (MT), que, na prática, é a que mais indico aos meus pacientes, por considerá-la uma terapia complementar bastante eficaz.

Destaco a MT por ser uma técnica fácil e prática adaptada aos dias atuais; há mais de seiscentos artigos publicados sobre MT que comprovam uma resposta fisiológica eficaz no combate ao estresse, no tratamento de transtornos de ansiedade e, até mesmo, de doenças cardiovasculares. Tal metodologia foi trazida da Índia para o ocidente pelo físico e matemático Maharishi Mahesh Yogi, responsável por traduzir seus princípios para uma linguagem científica por meio de conceitos da física quântica. Hoje existem mais de 10 milhões de praticantes no mundo, entre eles estão o neurologista norte-americano Fred Travis e o psiquiatra sul-africano Norman Rosenthal. Este último foi pesquisador do NIH (National Institute of Health) — uma divisão do Departamento de Saúde dos Estados Unidos, voltado para pesquisas —, e em seu livro *Transcendência* descreveu uma série de benefícios dessa técnica. A Associação Americana do Coração reconheceu a Meditação Transcendental como única técnica de meditação que pode ser recomendada por médicos para baixar a pressão arterial.[1] E a gama de evidências acumuladas sobre os benefícios dessa técnica, associados à simplicidade, praticidade e facilidade em exercê-la, é que fez com que eu a recomendasse aos meus pacientes.

b. Pet terapia
Diversos estudos apontam os benefícios que os animais de estimação ou pets trazem à saúde e ao bem-estar das pessoas de todas as idades. Ainda com estudos em fase embrionária, recentemente a Associação Americana de Cardiologia declarou que ter animais de estimação, em particular cachorros, pode diminuir os riscos de doenças cardiovasculares como a hipertensão e o colesterol alto, além do diabetes, muito embora ela não recomende a adoção, o resgate ou a compra de animais com esse propósito. Os cientistas também observaram que a convivência com esses animais, principalmente para seus donos, propicia uma redução da reatividade e recuperação cardiovascular melhor diante de situações de estresse, bem como um aumento da liberação da oxitocina, hormô-

---

1. Robert D. Brook et al. *Beyond Medications and Diet: Alternative Approaches to Lowering Blood Pressure: a Scientific Statement from the American Heart Association*, vol. 61, pp. 1360-83, 2013. Disponível em: <https://www.ncbi.nlm.nih.gov/pubmed/23608661>. Acesso em: jul. 2017.

nio que promove o relaxamento e o bem-estar. [2,3] Somos seres sociais, porém cada vez mais vivemos isolados; portanto, o carinho, o aconchego e o amor são imprescindíveis para uma vida saudável, e esses nossos amigos peludos cheios de amor incondicional fazem uma grande diferença em nossa vida.

Como vimos, existe uma série de exercícios e técnicas de relaxamento e meditação, todas muito boas e recomendadas. O mais importante é que você utilize aquela que lhe possibilite atingir paz física e mental. Experimente algumas e observe o resultado: se sua mente começar a se esvaziar e depois de algum tempo permanecer quieta, como se nada mais importasse na vida, a não ser aquele estado mágico de paz e harmonia, saiba que você encontrou sua técnica ideal. Depois disso é só treinar e treinar; afinal, o hábito faz o monge!

8. Terapias complementares

Existem uma série de técnicas terapêuticas coadjuvantes no processo de sua recuperação. Dentre elas, destaco a ioga, a meditação (já mencionada), a acupuntura, o shiatsu, o reiki, entre muitas outras disponíveis e aprovadas pela Organização Mundial da Saúde (OMS).

Não defendo, aqui, que as terapias citadas substituam o tratamento convencional medicamentoso ou psicoterápico para quem sofre de transtornos ansiosos. Porém, minha experiência clínica

---

2. Pamela J. Schreiner, "Emerging Cardiovascular Risk Research: Impact of Pets on Cardiovascular Risk Prevention". *Curr. Cardiovasc. Risk Rep.*, vol. 10, n.2, 2016.
3. Robert D. Brook et al. *Beyond Medications and Diet: Alternative Approaches to Lowering Blood Pressure: a Scientific Statement from the American Heart Association*, vol. 61, pp. 1360-83, 2013. Disponível em: <https://www.ncbi.nlm.nih.gov/pubmed/23608661>. Acesso em: jul. 2017.

mostra que a procura por outras técnicas traz resultados bastante satisfatórios quando associadas ao tratamento estabelecido. Em geral, as terapias complementares estão voltadas para o bem-estar do indivíduo como um todo (corpo, mente e alma), proporcionando conforto, autoconhecimento e, consequentemente, autocontrole.

9. Terapias neuromodulatórias/biomédicas

A EMTr (estimulação magnética transcraniana repetitiva) é uma técnica em que se aplica pulsos magnéticos repetidos superficialmente em uma região específica da cabeça com o intuito de estimular a liberação de neurotransmissores e restabelecer conexões cerebrais por meio da neuroplasticidade cerebral (capacidade de remodelamento cerebral) por ela induzida. Essa técnica é aplicada em consultório, sem anestesia e sem dor.

Em geral, a EMTr é indicada a determinados pacientes que não respondem de forma adequada ao tratamento com medicamentos ou que não toleram os efeitos colaterais das medicações, ou, ainda, para aqueles que têm urgência de melhoras. Na prática clínica diária, observo ótimos resultados em pacientes que sofrem de depressão, muitas vezes presentes em casos de ansiedade crônica. A EMTr é um tratamento que interfere na ação dos medicamentos, potencializa os efeitos dos antidepressivos e não traz efeitos colaterais. É uma técnica muito bem tolerada e costuma melhorar significativamente a energia, o cansaço físico e mental, o ânimo e a ansiedade, bem como a irritabilidade, o humor depressivo e pensamentos negativos, aspectos bastante comuns em pacientes ansiosos. Particularmente, percebo que, além da depressão, que muitas vezes vem acompanhada de quadros de ansiedade ou em decorrência dela, a EMTr tem se mostrado eficaz nos casos de compulsão, transtorno do pânico e transtorno obsessivo-compulsivo (TOC).

10. Exercício da espiritualidade e fé

Nos últimos anos, sobretudo nas últimas duas décadas, a comunidade científica parece ter atentado para a relação — que a meu ver sempre existiu de forma estreita e clara — entre aspectos espirituais e religiosos e o estado de saúde e de doenças das pessoas. A maioria dos estudos científicos realizados nesse sentido mostra benefícios evidentes do exercício da espiritualidade e da religiosidade no processo de restabelecimento da saúde física e mental dos pacientes avaliados. Vejo a espiritualidade como condição necessária para entrarmos em contato com a "bússola interna" que nos norteia e dá significado à nossa existência.

A arte do equilíbrio no combate ao estresse e aos transtornos de ansiedade

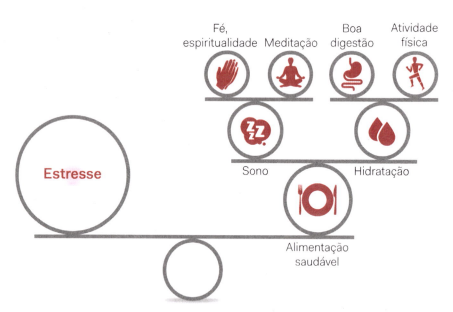

Figura 5. Elaborada por dra. Ana Beatriz Barbosa Silva e dra. Lya Ximenez.

Posso imaginar que o leitor agora esteja pensando na quantidade de coisas que precisa ser feita para se conseguir superar a ansiedade e manter uma vida com mais harmonia e qualidade. Reconheço que são muitas, porém não estou aqui para acrescentar mais itens a essa lista inesgotável de afazeres nem para incentivá-lo a ser um super-humano. Na realidade, gostaria apenas de fazer uma reflexão sobre as diversas dimensões que nosso corpo assume e o significado de saúde integral (mente, corpo e espírito). Com certeza, ela nos guiará a uma versão melhor de nós mesmos para que não estejamos tão vulneráveis à ansiedade tóxica e seus efeitos prejudiciais.

Trata-se apenas de sugestões de mudanças que podem ser adotadas para se atingir o equilíbrio almejado, exemplificado pela figura anterior. E, se conseguirmos fazer pequenas alterações em nossos hábitos diários de forma gradativa e contínua, isso já é transformador. Lembre-se: o importante é ir devagar, mas que seja sempre!

Uma alimentação mais saudável e com níveis mínimos de açúcar refinado, derivados alcoólicos e produtos alimentares industrializados pode contribuir de forma significativa para a saúde geral do paciente ansioso.

16
COMO MELHORAR A ANSIEDADE POR MEIO DA ALIMENTAÇÃO

Muitas pessoas não se dão conta do importante papel que os alimentos podem desempenhar na intensificação ou na redução de sintomas de ansiedade, pânico e estresse excessivo. As pesquisas médicas nas áreas de dieta e nutrição, nos últimos trinta anos, demonstraram que muitos alimentos, bebidas e suplementos alimentares podem agravar ou desencadear sentimentos de ansiedade. Em contrapartida, outros estudos concluíram que certos alimentos são benéficos por suas propriedades calmantes e estabilizadoras do estado de ânimo ou humor.

Alimentos que devem ser evitados

Em minha experiência com pacientes que sofrem de ansiedade, de moderada a grave, certos alimentos deveriam ser eliminados ou, pelo menos, drasticamente reduzidos e consumidos ocasionalmente, apenas em eventos especiais.

Cafeína

A cafeína está presente em diversos alimentos, como café, chá preto e refrigerantes à base de cola, e deflagra ansiedade e até mesmo sintomas de pânico, pois excita diretamente vários mecanismos de estimulação do corpo. Ela eleva o nível de noradrenalina do cérebro, um neurotransmissor que aumenta a vivacidade. Além disso, a cafeína estimula a descarga de hormônios do estresse, sobretudo o cortisol, a partir da estimulação das glândulas suprarrenais, intensificando ainda mais os sintomas de nervosismo e agitação.

A cafeína ainda exaure as reservas de vitaminas do complexo B e de minerais essenciais do corpo, como o potássio e o cálcio. A deficiência desses nutrientes aumenta a ansiedade, as oscilações de humor e a fadiga. A exaustão do estoque de vitaminas do complexo B no organismo também interfere no metabolismo dos carboidratos e no funcionamento saudável do fígado, que ajuda a regular os níveis de açúcar no sangue.

Se você sofre de sintomas de ansiedade, independentemente da causa, recomendo que reduza seu consumo de café a uma xícara diária e tente eliminar os refrigerantes à base de cola e chás que contenham cafeína. Muitos chás de ervas como camomila, cidreira, erva-doce e hortelã-pimenta podem exercer um efeito relaxante sobre o corpo, ajudando a reduzir a ansiedade.

Açúcar

A glicose é uma forma simples de açúcar que proporciona ao corpo sua principal fonte de energia. Se não tivéssemos um constante fornecimento de glicose, não poderíamos produzir as inúmeras reações químicas de que nosso corpo necessita para desempenhar suas funções diárias. Somente o cérebro, para seu bom funcionamento, é responsável pelo consumo de 20% do total de glicose disponível no organismo. Entretanto, a forma como introduzimos esse importante alimento em nosso organismo pode afetar de maneira profunda nosso estado de humor.

O ideal é ingerir maiores quantidades de carboidratos (açúcares) complexos, como cereais integrais, batatas, legumes e frutas. Os açúcares desses alimentos são digeridos lentamente e liberados na circulação sanguínea de forma muito gradual. Assim, a quantidade de glicose obtida com a digestão desses alimentos não sobrecarrega a capacidade do corpo para absorvê-la.

Infelizmente, a maioria das pessoas no mundo ocidental costuma obter as doses necessárias de glicose para o bom funcionamento do organismo pelo uso excessivo de açúcar simples, ou seja, o açúcar refinado branco ou o açúcar mascavo, que constituem o ingrediente primário da maioria dos biscoitos, caramelos, bolos, tortas, refrigerantes, sorvetes e outros doces. Além disso, as massas e os pães feitos de farinha branca, da qual se retiram todo o farelo, ácidos graxos essenciais e nutrientes, funcionam como açúcares simples.

Com o predomínio do açúcar simples em muitos alimentos, nossa sociedade acaba produzindo milhares de viciados em açúcar em todas as faixas etárias. A excessiva ingestão de açúcar pode ser um importante fator no surgimento de sintomas de ansiedade. A questão ocorre da seguinte forma: em vez de carboidratos complexos, os alimentos baseados em açúcar e farinha branca decompõem-se com facilidade no tubo digestivo. Assim, a glicose é liberada rapidamente na corrente sanguínea e absorvida pelas células do corpo a fim de satisfazer suas necessidades energéticas. Para dar conta dessa repentina sobrecarga, o pâncreas libera grandes quantidades de insulina, uma substância que realiza o transporte da glicose do sangue para dentro das células do corpo.

Diante dessa constante abundância de carboidratos de fácil digestão (os chamados carboidratos simples), o pâncreas tende a exagerar a quantidade de insulina necessária. Como consequência, o nível de açúcar (glicose) no sangue vai de um nível alto para um nível baixo demais de forma abrupta. Isso resulta no efeito "montanha-russa", muito visível na hipoglicemia ou na tensão pré-menstrual (TPM).

A pessoa pode se sentir inicialmente eufórica após ingerir açúcar e depois sentir um rápido choque e uma redução profunda em seu nível de energia. Quando o nível de açúcar no sangue fica muito baixo, a pessoa sente-se ansiosa, agitada e confusa, porque o cérebro é privado de seu maior combustível.

Para tentar remediar essa situação, as glândulas suprarrenais liberam cortisol e outros hormônios que estimulam o fígado a liberar o açúcar que está armazenado, para que os níveis sanguíneos voltem ao normal. O problema é que o cortisol, além de estimular a elevação dos níveis de açúcar no sangue, também aumenta, infelizmente, os sintomas de excitação e ansiedade.

Não há dúvida de que o excesso de açúcar estressa muitos sistemas do organismo, o que piora a saúde e intensifica a ansiedade, a tensão nervosa e a fadiga. Procure satisfazer seu desejo por doces mudando para uma dieta que contenha alimentos mais saudáveis. Prefira as sobremesas baseadas em frutas ou cereais, como biscoitos de farinha de aveia com suco de fruta ou mel. Peça também orientação a um bom nutricionista, pois ele conhece várias opções saborosas e saudáveis de sobremesas que poderão satisfazer seus desejos sem perturbar seu humor e sua disposição física.

Álcool

O álcool é também um açúcar simples, por isso é rapidamente absorvido pelo organismo. Tal como os açúcares, o álcool aumenta os sintomas de hipoglicemia, e seu uso excessivo pode elevar a ansiedade e as oscilações de humor.

O álcool é ainda um irritante para o fígado e diversas outras partes do aparelho digestivo. Também pode causar danos inflamatórios ao pâncreas. Com o tempo, todas essas alterações talvez resultem em um agravamento dos estados de hipoglicemia, o que pode deflagrar um quadro de diabetes, assim como uma deficiência na absorção de nutrientes essenciais pelo intestino delgado.

O sistema nervoso é particularmente suscetível aos efeitos deletérios do álcool, uma vez que este atravessa facilmente a barreira de irrigação sanguínea do cérebro e destrói as células cerebrais. Em função disso, o álcool pode causar profundas mudanças comportamentais quando consumido em excesso. Os principais sintomas incluem a ansiedade, a depressão, os acessos irracionais de cólera, a baixa capacidade de julgamento, a perda de memória, vertigens e coordenação motora deficiente. Mediante essas informações, recomenda-se que as pessoas com sintomas de ansiedade usem muito raramente bebidas alcoólicas e, quando o fizerem, que seja de forma cuidadosa: nunca exceder duas taças de vinho, duas latinhas de cerveja ou apenas uma dose de qualquer destilado (uísque, vodca, aguardente etc.).

Suplementos alimentares

Milhares de suplementos químicos são usados na fabricação comercial de alimentos. Alguns, muito populares, que incluem os adoçantes sintéticos (como o aspartame), o glutamato monossódico (MSG) e os conservantes (como os nitratos e os nitritos), podem produzir sintomas alérgicos e desencadear ansiedade em muitas pessoas.

Alguns pacientes se queixaram de que o uso do adoçante artificial aspartame precipitara neles sintomas de pré-pânico, tais como taquicardia, respiração superficial, dores de cabeça, ansiedade e vertigem.

O glutamato monossódico é muito utilizado na preparação de alimentos com o objetivo de realçar o sabor dos pratos. Algumas pessoas reclamam de dores de cabeça e ansiedade quando consomem alimentos preparados com esse tempero.

Recomendo às pessoas que apresentam maior sensibilidade a esses suplementos químicos que verifiquem os rótulos dos alimentos para evitar essas reações desagradáveis.

Laticínios e carnes vermelhas

Devem fazer parte da dieta de forma moderada, uma vez que ambos os tipos alimentares são de digestão extremamente difícil para o organismo. Por essa razão, podem agravar a depressão e a fadiga que coexistem em muitas pessoas com sintomas de ansiedade.

Alimentos que aliviam a ansiedade

Certos grupos de alimentos são tolerados por quase todas as pessoas, até mesmo por aquelas que são ansiosas ou extremamente preocupadas. Esses alimentos incluem a maioria das verduras, frutas, tubérculos, alguns cereais, quinoa, amaranto, milho, arroz e nozes. No início do tratamento, eles devem constituir o núcleo de sua alimentação. À medida que você se sentir melhor, podem-se adicionar mais frutas, cereais, óleos, peixes, aves e carnes (com moderação).

Verduras e legumes

São alimentos excepcionais para o alívio da tensão e do estresse. Muitos são ricos em minerais importantes para melhorar o vigor físico, a resistência e a vitalidade, como o cálcio, o magnésio e o potássio. Algumas das melhores fontes desses minerais incluem a acelga, o espinafre, o brócolis, a couve, as folhas de beterraba e as folhas de mostarda.

Muitas verduras e legumes são ricos em vitamina C, que é uma importante substância antiestresse. As verduras e legumes ricos em vitamina C incluem a couve-de-bruxelas, o brócolis, a couve-flor, a couve-manteiga e a salsa.

Frutas

As frutas também possuem uma ampla gama de nutrientes que podem aliviar a tensão e o estresse. Morangos, amoras, framboesas, melões e laranjas são excelentes fontes de vitamina C.

As uvas, amoras e bananas são ricas em cálcio e magnésio, dois minerais essenciais ao funcionamento adequado do sistema nervoso e da função muscular. As uvas e as bananas também são fontes excepcionais de potássio, que é muito bom para a fadiga excessiva e o inchaço.

Recomenda-se comer a fruta toda para se beneficiar de seu conteúdo rico em fibras, que ajudam a evitar a prisão de ventre e outras irregularidades digestivas. Em fase de muito estresse, consuma a fruta e evite os sucos de frutas. Estes não contêm o volume de fibras da fruta inteira, dessa forma agem mais como o açúcar de mesa, desestabilizando o nível de glicose no sangue quando consumidos em excesso. Isso pode exacerbar a ansiedade, a fadiga e as variações do humor.

Tubérculos

Batatas, batatas-doces e inhames são carboidratos leves, bem tolerados, fontes adicionais de proteínas de fácil digestão para pessoas com ansiedade e tensão nervosa. Tal como os carboidratos complexos, os tubérculos são calmantes, pois ajudam a regularizar o nível de açúcar no sangue.

Leguminosas

Feijões e ervilhas são excelentes fontes de cálcio, magnésio e potássio, necessários ao funcionamento saudável do sistema nervoso, e têm propriedades de relaxamento emocional e muscular. As leguminosas também são fontes de proteínas que podem ser facilmente utilizadas e, por isso mesmo, substituem as carnes em muitas refeições.

Cereais integrais

Os cereais integrais são fontes de nutrientes estabilizadores do humor, como o complexo da vitamina B, a vitamina E, muitos minerais essenciais, carboidratos complexos, proteínas, ácidos graxos essenciais e fibra. Os cereais integrais ajudam a estabilizar o nível de açúcar no sangue e, dessa forma, previnem os sintomas de ansiedade desencadeados pela hipoglicemia.

O arroz integral e o milho são boas escolhas para pessoas com sintomas moderados de ansiedade. Nessa categoria estão também o trigo-sarraceno e as alternativas exóticas, como a quinoa e o amaranto.

Sementes e nozes

Sementes e nozes são as melhores fontes dos dois ácidos graxos essenciais, o ácido linoico e o ácido linolênico. Esses ácidos fornecem as matérias-primas de que nosso organismo necessita para produzir os benéficos hormônios prostaglandinas. Níveis elevados de ácidos graxos essenciais em uma dieta são muito importantes na prevenção dos sintomas físicos da TPM, menopausa, transtornos emocionais e alergias. As sementes que possuem ambos os ácidos graxos são a linhaça e as sementes de abóbora. As sementes de gergelim e de girassol são excelentes fontes de ácido linolênico.

Nozes e sementes são extremamente ricas em calorias e podem ser de difícil digestão, principalmente se forem torradas e salgadas. Portanto, devem ser ingeridas apenas em pequenas quantidades.

Carnes, aves e peixes

As carnes vermelhas e as aves devem ser consumidas em pequenas quantidades. A melhor escolha é o peixe. Ao contrário das demais carnes, o peixe contém ácido linolênico, ajudando a relaxar o estado de ânimo, assim como os músculos tensos.

O peixe também é uma excelente fonte de minerais, sobretudo de iodo e potássio. Escolhas particularmente boas para pessoas ansiosas são o salmão, o atum, a cavala e a truta.

Quantidade e frequência

É importante também destacar que as refeições devem ser feitas em pequenas quantidades e ingeridas de três em três horas, perfazendo um total de seis refeições diárias. Isso ajuda a manter as taxas de glicose equilibradas e o humor mais estável, além de contribuir para as taxas mais elevadas do metabolismo corpóreo, que passa a gastar mais calorias na execução de atividades diárias. A alimentação fracionada também facilita a formação e a eliminação do bolo fecal, pois acelera os movimentos peristálticos e contribui para um intestino mais regular e saudável.

Como vimos, podemos afirmar que uma alimentação mais saudável e com níveis mínimos de açúcar refinado, derivados alcoólicos e produtos alimentares industrializados pode contribuir de forma significativa para a saúde geral do paciente ansioso, bem como acelerar sua recuperação e reduzir o número de reincidências a médio e longo prazos.

Sentir ansiedade é, sem dúvida, uma condição humana inerente a todos. No entanto, evitar adoecer por excesso dela é uma escolha que cada um pode fazer.

17
DE ONDE VEM TUDO ISSO? AS CAUSAS DO MEDO E DA ANSIEDADE, E SEUS IMPACTOS NA SAÚDE

No mundo moderno, especialmente nos países mais desenvolvidos ou nas grandes metrópoles, dificilmente algum de nós irá passar por uma situação de medo intenso e pavor relacionada ao universo natural. Convenhamos que para nós, humanos urbanos, será muito difícil encontrar uma cobra venenosa ou um crocodilo faminto nas agitadas ruas e avenidas das grandes cidades ou, ainda, não acharmos abrigo seguro em meio a uma grande tempestade.

Na desafiadora tentativa de governar as forças da natureza e controlar o destino da humanidade, acabamos criando novos riscos e ameaças para nossa própria sobrevivência: estradas de alta velocidade, armas de fogo, bombas nucleares, gases que provocam o efeito estufa, armas biológicas, cobranças sociais provocadas por fracassos profissionais ou mesmo por períodos de dificuldades financeiras e afetivas, aos quais todos nós estamos sujeitos.

O fato de esses perigos não se apresentarem subitamente (de forma que não provocam uma reação de medo, intenso e real, na maioria das pessoas) não quer dizer que sejam inofensivos. A ansiedade manifestada por tais situações cotidianas de perigo e ameaças, aparentemente corriqueiras e banais, representa hoje, na vida moderna, um dos principais fatores debilitantes para a saúde. A ansiedade pode reprimir certas sensações, como a alegria de fazer uma nova descoberta pessoal ou profissional, o prazer de um evento social ou uma competição esportiva, sem falar na inibição da iniciativa e da criatividade que existe em cada um de nós.

Hoje em dia, excetuando-se os vícios, os transtornos associados à ansiedade são os mais comuns entre todos os transtornos mentais. Mais de 10% dos norte-americanos e dos europeus sofrem de ansiedade. Se não bastasse a importância quantitativa dos transtornos de ansiedade, seu aspecto qualitativo, por si só, justificaria um entendimento mais profundo das causas da ansiedade patológica, cuja atuação sobre um indivíduo pode levá-lo a grandes prejuízos nos diversos setores de sua vida.

Quando uma pessoa se refere à ansiedade como uma queixa séria, ou seja, capaz de lhe trazer transtornos e limitações na vida cotidiana, é preciso averiguar, com precisão, como estão funcionando os seguintes sistemas de seu organismo: nervoso (central e periférico), endócrino, imunológico e/ou cardiovascular.

Na maioria das vezes, nos casos de ansiedade patológica ou excessiva, os sintomas indesejáveis estão relacionados ao comprometimento de um ou mais desses sistemas. No entanto, o termo *transtorno de ansiedade* é utilizado quando o sistema nervoso for o principal sistema funcional comprometido.

Ansiedade e o sistema nervoso

Os sistemas nervosos central e periférico correspondem ao cérebro (neurônios, sinapses, substâncias neurotransmissoras, células de sustentação etc.) e às fibras nervosas que ligam o cérebro aos órgãos e aos músculos de todo o nosso corpo. Quando a ansiedade excessiva é causada por alterações nesses sistemas, ela é denominada *transtorno de ansiedade*.

Isso é fácil de entender, uma vez que os transtornos de ansiedade são classificados, pela medicina, como alterações mentais.

Como se sabe, a mente corresponde às funções (ou energia) geradas pelo funcionamento das estruturas nervosas, em particular o cérebro. Para que fique bem esclarecida a relação entre cérebro e mente, é só comparar com uma lâmpada e a luz que esta produz: o cérebro corresponderia à lâmpada (estrutura física) e a mente, à luz (estrutura funcional ou energética), que necessita da estrutura física para exercer sua função de "iluminar".

Neuroimagens e os transtornos de ansiedade

A maioria das pesquisas sobre as bases biológicas do medo e da ansiedade foi realizada em animais de laboratório; do ponto de vista filogenético, tais bases parecem estar presentes em todas as espécies de vertebrados. Felizmente, nos últimos tempos, as técnicas modernas de neuroimagem permitiram estudar o cérebro humano em sua estrutura física, medir seu fluxo sanguíneo e o nível de atividade de diversas regiões, e mapear os circuitos do medo e da ansiedade *in vivo*.

Estudos feitos com tomografia por emissão de pósitrons (PET), em Iowa (Estados Unidos), mostraram como o cérebro saudável responde a estímulos capazes de provocar medo e ansiedade.

Eles foram realizados da seguinte forma: um grupo de voluntários sadios observou um conjunto de fotografias padronizado, a uma velocidade de uma a cada dois segundos. As imagens retratavam cenas assustadoras, desagradáveis, que causariam ansiedade e repulsa na maioria das pessoas. Alguns exemplos são corpos humanos mutilados; uma criança subnutrida e esquálida, que tinha morrido de fome; e uma mosca pousando sobre uma ferida aberta. Outro grupo de voluntários observou fotos agradáveis, como as de um casal com expressão amorosa. Os pesquisadores compararam as respostas produzidas no cérebro de ambos os grupos.

Os resultados demonstraram que os estímulos desagradáveis que causam medo e ansiedade elevaram o fluxo sanguíneo em diversas áreas cerebrais, a maioria das quais são componentes das conhecidas vias do medo em animais. As regiões mais ativadas foram as que representam o "cérebro límbico"[1] mais clássico e primitivo: amígdala, hipocampo, tálamo, giros cingulados anterior e frontal inferior. Já as imagens agradáveis ativaram regiões cerebrais muito diferentes, quase todas localizadas no córtex cerebral — área responsável pelos processos de análise e reflexão e que é significativamente maior nos seres humanos em comparação com outras espécies. Isso indica que são necessárias as partes superiores do cérebro para reconhecermos as sensações positivas, como prazer, alegria e felicidade. Infelizmente, o medo e a ansiedade parecem surgir com mais facilidade, pois estão embutidos nas partes mais básicas, profundas e primitivas.

Desequilíbrios fisiológicos (a neuroquímica)

Durante muito tempo se atribuiu à adrenalina o papel de principal neurotransmissor, responsável pela resposta de "luta ou fuga" apresentada pelo organismo diante de situações que oferecem riscos, reais ou imaginários. Hoje se sabe que a adrenalina está presente apenas no sistema nervoso periférico (SNP), ou seja, nos nervos que se localizam fora do cérebro e se comunicam com músculos e órgãos viscerais, como o coração, os pulmões e o sistema digestivo.

A adrenalina é secretada pela parte central das glândulas suprarrenais (também chamadas de adrenais) em resposta ao estresse, e é uma das fontes das várias manifestações da "reação do medo", como o fato de o coração bater mais forte e rápido.

Porém, para que os efeitos atinjam o cérebro e desencadeiem as reações de medo e de ansiedade, essa substância, de ação periférica, precisa estimular uma pequena região do tronco cerebral

---

1. Centro de todas as nossas emoções.

(base do cérebro) chamada *locus ceruleus*. Ela recebeu essa denominação esquisita, de origem latina (local azul-escuro), justamente pelo aspecto azulado da estrutura.

O *locus ceruleus* é o local onde residem as células cerebrais que produzem a noradrenalina, uma espécie de "irmã gêmea" (ou versão central) da adrenalina. O *locus ceruleus* libera noradrenalina por meio de vias nervosas diretas para a amígdala e para o hipocampo (ver figura 6).

Estruturas cerebrais e sistema límbico

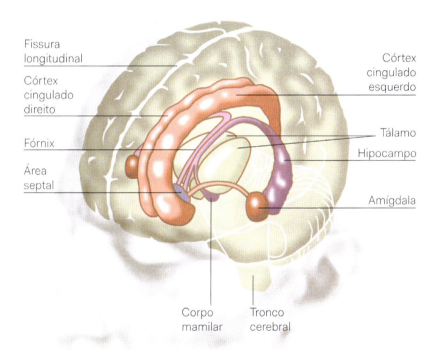

Figura 6. Fonte: P. J. Pinel, *Biopsicologia*. Porto Alegre: Artmed, 2005, p. 100 (adaptada por dra. Ana Beatriz Barbosa Silva).

O sistema límbico é responsável por todas as emoções, desde as mais agradáveis, como alegria e paixão, até as mais incômodas, como tristeza, medo, desespero e ansiedade. Assim, o "corpo físico" e o "cérebro emocional" (sistema límbico) são ativados ao mesmo tempo para fugir ou lutar: o primeiro pela adrenalina e o segundo pela noradrenalina. Em termos de medo e ansiedade, o que "o corpo sofre, a mente sente".

A adrenalina e a noradrenalina não são os únicos neurotransmissores envolvidos na resposta ao medo e à ansiedade. Enquanto a parte interna das glândulas suprarrenais está enviando adrenalina, outras regiões também são ativadas pelo estresse e liberam o transmissor neuroendócrino chamado cortisol. Quando produzido em quantidades adequadas e secretado no momento certo, o cortisol nos ajuda na adaptação às diversas situações estressantes, além de regular o ciclo do sono-vigília, o estado de alerta e as funções imunológicas. Quando em excesso, esse mesmo hormônio passa a ser responsável por uma série de disfunções em todo o organismo, tais como o aumento da pressão arterial, doenças cardíacas, enxaquecas, déficits de memória e baixa imunidade.

No entanto, é preciso destacar que tanto o hipocampo quanto a amígdala são estruturas repletas de receptores de cortisol e, por isso mesmo, participam da regulação do estresse causado pelo medo e pela ansiedade por retroalimentação. Ou seja, eles trocam mensagens com as glândulas suprarrenais, influindo assim na produção quantitativa do cortisol. Por isso, posso afirmar que o hipocampo e a amígdala são regiões cerebrais adjacentes e complementares, mas que desempenham papéis diferentes nos mecanismos da ansiedade, do medo e do estresse.

Considerada a "via rápida" do sistema límbico, a amígdala nos faz reagir de forma instintiva, sem pensar. O hipocampo, embora também seja uma região relativamente "primitiva" (antiga), é um pouco mais sofisticado e pode ser considerado a "via lenta" do sistema límbico, já que é responsável por associar contextos (situações diversas entre si), perceber estímulos e recuperar a memória. É ele que nos "dá consciência" de quando queremos lembrar acontecimentos passados de forma intencional.

Enquanto a amígdala estimula a liberação de cortisol, o hipocampo a inibe. Segundo o neurofisiologista Bruce McEwen, da Universidade Rockefeller, em Nova York, a amígdala é relativamente "forte" e não parece sofrer lesão decorrente do acúmulo de cortisol em condições de estresse crônico. Já o hipocampo é mais sensível e vulnerável. McEwen mostrou que o estresse prolongado faz com que os neurônios dessa região percam dendritos (segmentos que fazem um neurônio se comunicar com outro) e acabem "encolhendo". Tais lesões foram confirmadas tanto por meio de estudos em animais quanto por ressonância magnética funcional (RMf) no cérebro humano.

Essas observações são muito importantes para a compreensão das inter-relações entre memória, estresse e ansiedade. Com elas é possível chegar a algumas conclusões, mesmo que iniciais: a perda de células no hipocampo decorrentes do excesso de cortisol seria responsável pela dificuldade de memorizar coisas e fatos novos, em situações prolongadas de estresse e ansiedade.

Assim, lembranças traumáticas se tornariam mais pronunciadas porque o hipocampo, responsável pela memória recente (fatos novos), é mais sensível aos efeitos do cortisol do que a amígdala, envolvida na evocação das memórias mais antigas (fatos passados). Essa exacerbação das memórias antigas parece, portanto, ter estreita conexão com o condicionamento do medo em milhões de pessoas que sofrem de transtorno de ansiedade. Pelo menos, em se tratando de ansiedade, cortisol, amígdala e hipocampo, vale a máxima "tristeza não tem fim, felicidade sim": o cortisol, liberado pelos quadros prolongados de ansiedade, cria um forte condicionamento negativo na amígdala e reforça a memorização consciente dos fatores estressantes no hipocampo, ao reduzir a capacidade de que este adquira novas e melhores lembranças.

Um aspecto bastante curioso sobre os medicamentos usados para tratar os transtornos ansiosos é a existência de ampla variedade de opções, diferentes entre si, mas igualmente eficazes e proveitosas. O fato comum entre eles é que todos afetam os sistemas neuroquímicos do cérebro. Esse fato em si não é tão surpreendente; o que causa admiração realmente é o que tange à diversidade dos sistemas neuroquímicos. As substâncias ansiolíticas mais antigas são os tranquilizantes benzodiazepínicos, que afetam o sistema inibitório GABA (ácido gama-aminobutírico) do cérebro. É muito provável que os benzodiazepínicos reduzam também os efeitos da atividade excessiva do sistema noradrenérgico, que surge no *locus ceruleus* (no tronco encefálico ou cerebral — fora do cérebro) e se projeta de forma difusa por todo o cérebro. A redução do input (entrada de estimulação) dessas regiões pode ter um efeito específico sobre a resposta de medo condicionado, produzida pela amígdala, ou sobre a evocação de memórias negativas conscientes no hipocampo. Assim, de forma alternativa, o GABA pode reduzir a ansiedade antecipatória por meio de efeitos diretos sobre a atividade noradrenérgica no córtex.

Os inibidores seletivos da recaptação da serotonina (ISRS) juntaram-se ao arsenal terapêutico contra a ansiedade nos últimos anos. Esses medicamentos têm como alvo o sistema da serotonina, aumentando a disponibilidade desse neurotransmissor nas sinapses cerebrais (região de comunicação entre os neurônios).

Embora os ISRS sejam utilizados primariamente como antidepressivos, diversos estudos sugerem que, depois de várias semanas ou meses de tratamento, eles são capazes de bloquear a atividade noradrenérgica de forma direta e indireta. Pacientes tratados com essas medicações durante três meses apresentaram níveis reduzidos dos metabólitos da noradrenalina em seus exames de urina.

A longo prazo, os ISRS parecem também diminuir indiretamente a produção de cortisol pelas suprarrenais, por meio da inibição, no nível do hipotálamo, da liberação do hormônio corticotrófico (ACTH). Além disso, os neurônios serotoninérgicos também emitem projeções diretas para a amígdala, onde provavelmente bloqueiam os estímulos excitatórios do córtex sensorial e do tálamo. Esse parece ser o principal mecanismo por meio do qual reduzem a ansiedade.

Ansiedade gerada por problemas hormonais

O sistema endócrino ou glandular corresponde ao sistema que regula as funções reprodutivas e metabólicas, tais como a menstruação e a eficiente queima dos alimentos para a geração de energia para o organismo. As glândulas produzem hormônios que, pela corrente sanguínea, levam mensagens químicas a todas as partes do corpo. Muitos problemas de saúde relacionados a hormônios produzidos pelas glândulas endócrinas têm como principais sintomas a ansiedade e as oscilações de humor.

Tensão pré-menstrual (TPM)

Na prática clínica, observo que 90% das mulheres com TPM se queixam do aumento de ansiedade e irritabilidade, que se intensificam uma ou duas semanas antes da menstruação.

Além dos sintomas emocionais, a TPM apresenta numerosos sintomas físicos que envolvem quase todos os sistemas do corpo. Os que me chamam mais atenção são: enxaqueca, inchaço, sensibilidade nos seios, aumento de peso, acne e ânsia por doces. A TPM não possui uma causa isolada, vários desequilíbrios hormonais e químicos podem deflagrar seus sintomas. Uma das possíveis causas é o desequilíbrio dos níveis de estrogênio e progesterona no corpo. Esses dois hormônios apresentam um acentuado aumento durante a segunda metade do ciclo menstrual.

Quando equilibrados de maneira adequada, estrogênio e progesterona promovem emoções saudáveis e harmônicas. No entanto, sintomas de humor, relacionados à TPM, podem ocorrer se o equilíbrio entre esses hormônios não se estabelecer, pois eles exercem efeitos antagônicos sobre a bioquímica do cérebro. O estrogênio tem um efeito sedativo sobre o metabolismo cerebral. Assim, se há um predomínio do estrogênio, as mulheres tendem a se sentir ansiosas; se o predomínio for da progesterona, a tendência é se sentirem deprimidas. O equilíbrio entre os dois hormônios depende do quanto o corpo produz e da eficiência com que são decompostos e eliminados.

Os ovários são a fonte primária de produção desses hormônios. Já o fígado tem a responsabilidade maior de inativar o estrogênio, garantindo que seus níveis sanguíneos não se tornem muito elevados.

O estresse emocional e os hábitos nutricionais desempenham papéis significativos no funcionamento do sistema hormonal. Uma exagerada ingestão de gordura, álcool e açúcar submete o fígado a um esforço excessivo, pois compete a ele processar esses alimentos. Além disso, a falta de vitamina B reduz a capacidade de o fígado executar suas tarefas metabólicas. Em qualquer desses casos, o fígado não consegue decompor os hormônios de maneira eficaz e, como consequência, eles continuam circulando no sangue em níveis elevados, sem eliminação adequada. Assim, por excesso de estrogênio, a balança pende para o aumento da ansiedade.

Na TPM, ocorrem também desequilíbrios químicos no metabolismo cerebral, que acabam produzindo sintomas de ansiedade e oscilações de humor. Uma dessas alterações é a queda dos níveis de endorfina beta nos cinco a dez dias que antecedem a menstruação. Como a endorfina beta possui um efeito de bem-estar físico e mental, a redução de seus níveis causa sintomas de ansiedade e irritabilidade.

Outro fator cerebral responsável pelos sintomas de ansiedade relacionados à TPM se deve à redução dos níveis de serotonina durante esse período. A serotonina é um neurotransmissor que regula a qualidade do sono, o apetite e o bom humor. Níveis reduzidos de serotonina no cérebro podem causar má qualidade do sono, fadiga, ansiedade, irritabilidade e o desejo incontrolável de comer doces, queixas constantes das mulheres durante esse período.

É muito raro que a TPM desapareça de forma espontânea, sem tratamento. Aquele velho papo "machista" de que "quando casar melhora" é besteira. A TPM costuma piorar com a idade: os desconfortos podem se exacerbar quanto mais perto se estiver da menopausa, entre os 45 e 50 anos.

Os desequilíbrios hormonais, químicos e nutricionais agem juntos na produção dos sintomas da TPM. Além disso, as alterações podem diferir em qualidade e em quantidade de uma mulher para a outra e, por conseguinte, não existe uma droga milagrosa para curar a TPM. Por outro lado, ela é tratável e, para isso, além de medicações individuais (como antidepressivos, tranquilizantes, diuréticos e hormônios), as mulheres devem participar ativamente de programas que promovam mudanças saudáveis em seu estilo de vida.

Menopausa

A menopausa, ou seja, o término de todo o fluxo menstrual, ocorre, para a maioria das mulheres, entre os 48 e 52 anos de idade, quando elas passam por alterações hormonais. Ansiedade, oscilações de humor e fadiga acompanham, com frequência, esse processo.

Os sintomas emocionais da menopausa ocorrem, inicialmente, pelo desequilíbrio dos hormônios estrogênio e progesterona e, mais tarde, pelos níveis muito baixos deles. Os sintomas se agravam quando as mulheres estão sob forte estresse emocional ou possuem hábitos alimentares nocivos, como a excessiva ingestão de cafeína, açúcar ou álcool. Incluem-se ainda o sedentarismo e o estilo de personalidade pouco flexível e dependente que algumas mulheres apresentam.

O tratamento da menopausa pode incluir a terapia de reposição hormonal, utilização de medicamentos antidepressivos, suplementos vitamínicos e de minerais. Técnicas de administração do estresse e atividades físicas regulares também podem ajudar bastante a restabelecer a energia e a vitalidade, e a estabilizar o humor.

Hipertireoidismo

Ocorre quando a glândula tireoide segrega uma quantidade excessiva de hormônio tireoidiano. Trata-se de um problema sério e potencialmente perigoso se não for diagnosticado logo no início.

Os sintomas podem ser semelhantes aos dos ataques de ansiedade, que incluem: ansiedade generalizada, insônia, cansaço ao menor esforço, pulso acelerado, suores, intolerância ao calor e aumento da atividade intestinal.

Um diagnóstico de hipertireoidismo pode ser precocemente feito por análises de sangue, que revelam a secreção excessiva de hormônios tireoidianos, assim como outras alterações do sangue.

O hipertireoidismo deve ser tratado imediatamente, a fim de reduzir a produção hormonal. Para o tratamento, são utilizadas drogas que suprimem e até inativam a glândula tireoide e, em casos mais graves, é necessária sua remoção cirúrgica.

Hipoglicemia (baixa de açúcar no sangue)

A hipoglicemia ocorre quando os níveis de açúcar no sangue estão abaixo do normal. Nesse estado, as pessoas apresentam muitos sintomas semelhantes aos de acessos de ansiedade, incluindo irritabilidade, tremores, desorientação, aturdimento, espaçamento anormal na fala e até palpitações.

O gatilho alimentar para os episódios hipoglicêmicos é a ingestão excessiva de açúcar simples, como o açúcar branco, mel, produtos com farinha branca e doces como tortas, bolos, sonhos e balas. Quando uma quantidade de açúcar é despejada na circulação sanguínea, a insulina é segregada em doses muito altas.

Isso pode ocasionar, realmente, uma queda da taxa de açúcar no sangue a níveis em que ocorrem os típicos sintomas de ansiedade da hipoglicemia. É importante destacar que as quedas no nível de açúcar no sangue também podem ocorrer simplesmente em resposta aos níveis muito elevados de estresse, isso porque o corpo utiliza glicose extra durante esses períodos.

As pessoas que mantêm uma dieta rica em açúcar simples sentem, com frequência, como se estivessem em uma montanha-russa emocional: de um lado alternam-se entre os altos e baixos de ansiedade e irritabilidade, e, de outro, de fadiga e depressão. Tudo ao sabor das flutuações dos níveis de açúcar no sangue.

Uma dieta à base de carboidratos complexos (cereais integrais, frutas, verduras etc.), combinados com proteínas de alta qualidade como nozes, amêndoas, sementes e peixes, promove uma lenta absorção da glicose no sangue, evitando, assim, uma produção excessiva de insulina. Dessa maneira, o nível de açúcar no sangue e as emoções mantêm-se estáveis e equilibrados.

Ansiedade e desequilíbrio imunológico

O sistema imunológico é o responsável pelo combate aos "invasores" externos ao nosso corpo, como os vírus e as bactérias. Outra função importante do sistema imunológico é eliminar as células cancerosas que se formam em nosso próprio organismo.

Alterações no sistema imunológico podem causar uma variedade de sintomas psicológicos e físicos. As alergias são um bom exemplo disso. Quando elas ocorrem, é porque o sistema imunológico reagiu de forma excessiva a substâncias inofensivas. As substâncias que mais provocam alergias são: pólen, mofo e alimentos. As reações alérgicas são facilmente diagnosticadas porque os sintomas ocorrem imediatamente depois do contato com o alergênio (substância que provocou a alergia). Os sintomas imediatos são respiração ruidosa e ofegante, comichão, olhos lacrimejantes, congestão nasal e urticária. Algumas reações alérgicas são demoradas e podem ocorrer horas ou dias após a exposição ao alergênio. Os sintomas retardados incluem ansiedade, depressão, fadiga, vertigem, enxaqueca, dores musculares e nas articulações, e eczema.

O tratamento para alergias — tanto as alimentares como as de outros tipos — inclui, usualmente, a supressão da substância nociva, se possível, ou o uso, por prescrição médica, de aplicações dessensibilizantes. Administrar o estresse também pode ajudar a tratar e impedir as alergias.

Ansiedade e distúrbios do sistema cardiovascular

O sistema cardiovascular corresponde ao conjunto formado pelo coração e todos os vasos sanguíneos existentes no corpo. Sua principal função é conduzir sangue com alimento e oxigênio a todas as células do organismo.

O prolapso da válvula mitral é uma enfermidade cardíaca que pode causar episódios de palpitações, dores no peito, respiração ofegante e fadiga, semelhantes ao estado de ansiedade. Parece estar presente com maior frequência em pessoas com episódios de ansiedade e pânico do que na população em geral. É causado por um defeito moderado na válvula mitral, localizada entre a cavidade superior e a inferior do lado esquerdo do coração. Tal defeito faz com que esta válvula não se feche adequadamente e, por consequência, o coração é posto sob tensão, podendo pulsar depressa demais ou irregularmente.

Na maioria absoluta dos casos, o prolapso da válvula mitral é leve, não necessitando de tratamento específico. Nos casos mais graves, os batimentos cardíacos podem ser moderados pelo uso de betabloqueadores, que são medicamentos que diminuem as pulsações e a contratilidade do coração. O estresse excessivo e os estimulantes (como bebidas à base de cafeína) devem ser eliminados a fim de se evitarem os episódios de taquicardia.

Uma dieta rica em cálcio, magnésio e potássio (ou a utilização de suplementos) também se faz necessária, uma vez que esses minerais essenciais ajudam a regular e reduzir a irritabilidade cardíaca.

Transtornos de ansiedade e os fatores de risco

Pesquisas revelam que os *transtornos de ansiedade* vistos ao longo deste livro estão associados a mudanças químicas específicas no cérebro, o que ratifica o forte vínculo existente entre mente e corpo. São diversos os fatores (ou uma associação deles) que predispõem uma pessoa a desenvolver os transtornos de ansiedade:

- desequilíbrios fisiológicos (como os abordados anteriormente);
- fatores genéticos ou predisposição familiar;
- programação familiar;
- situações de tensão emocional, a curto e longo prazos;
- crenças pessoais.

Fatores genéticos

Os fatores genéticos parecem ter importância como fatores de risco para o desenvolvimento de transtornos de ansiedade. Estudos com gêmeos idênticos demonstraram que, se um deles for afetado, a probabilidade de que ambos sofram de transtorno de ansiedade está acima de 30%. Os gêmeos fraternos, os quais não possuem a mesma constituição genética, também correm mais risco de desenvolver um transtorno de ansiedade se um deles for acometido, embora a probabilidade seja menor do que a dos gêmeos idênticos.

A agorafobia, um dos transtornos de ansiedade mais comuns, também parece mostrar uma predisposição familiar: enquanto 5% de toda a população sofre desse mal, a taxa de agorafobia em pessoas que têm um dos pais com o mesmo diagnóstico é de 15% a 25%.

Programação familiar

Certos tipos de ambientes familiares parecem predispor as crianças ao **desenvolvimento** de transtornos de ansiedade, produzindo nelas sentimentos de insegurança, medo e dependência. Um desses cenários é criado por pais que são perfeccionistas e críticos, exigindo constantemente que o desempenho de seu filho atinja níveis insuperáveis. Uma criança nessa situação pode crescer com baixa autoestima, ansiosa e receosa de aceitar riscos, por medo de fracassar.

Os pais que apresentam fobias ou são supersticiosos também podem criar filhos que sofrem de ansiedade. Esses pais tendem a ensinar aos filhos que o mundo é um lugar assustador, repleto de perigos e riscos. Os pais que são abertamente dominadores e suprimem a capacidade de afirmação de uma criança, por meio de punições, podem engendrar ansiedade em seus filhos.

Nesse ambiente, as crianças são punidas por falarem com franqueza e expressarem seus sentimentos sem rodeios. Essas crianças podem crescer receosas de tomar iniciativa ou mostrar suas verdadeiras convicções.

É importante destacar que nem todas as crianças que crescem em ambientes familiares estressantes desenvolvem transtornos de ansiedade. Muitas crescem em ambientes familiares muito difíceis, sem nunca terem apresentado um quadro de ansiedade excessiva. A probabilidade de desenvolverem um transtorno de ansiedade quando criadas em famílias sumamente estressadas é maior em crianças cuja reação de "luta ou fuga" é facilmente deflagrada por circunstâncias perturbadoras ou desconcertantes.

Situações de tensão emocional

Longos períodos de tensão nervosa (violência doméstica, doenças crônicas na família, preocupações financeiras) a que as pessoas são submetidas podem comprometer sua capacidade para dominar o estresse com calma e equanimidade. Tensões emocionais incessantes e graves podem ocasionar desgaste do sistema nervoso e, com o tempo, fazer com que a pessoa fique excessivamente ansiosa ou estressada.

Um motivo de muito estresse em um curto período de tempo também pode causar ansiedade. Isso é particularmente verdadeiro quando o agente estressante (morte de um cônjuge, perda repentina de um emprego, por exemplo) provoca significativas mudanças ou transtornos na vida. Até mesmo experiências positivas, como casar ou ter um bebê, causam ansiedade, pois lançam as pessoas em situações inteiramente novas, para as quais muitas vezes não estão devidamente preparadas.

Crenças pessoais

Muitas pessoas nutrem sistemas de crenças que reforçam os transtornos de ansiedade e geram um comportamento que mantém o estado ansioso. Incluem-se aí a imagem desagradável de si mesmas e a baixa avaliação das próprias capacidades e aptidões. A maioria das pessoas com transtornos de ansiedade é muito insegura e se sente sem condições para enfrentar e mudar as questões relacionadas à ansiedade, a fim de realizar grandes transformações em sua vida.

Frequentemente as pessoas com transtornos de ansiedade nutrem uma visão negativa do mundo. Elas veem as situações da vida e os lugares como perigosos e ameaçadores, enquanto outras que não sofrem desses transtornos podem encarar as mesmas circunstâncias como inofensivas ou mesmo agradáveis.

Elas reforçam constantemente o próprio transtorno ansioso por meio de um diálogo interno de caráter negativo e assustador. As pessoas costumam travar conversas consigo mesmas durante boa parte do dia, o que chamamos de *solilóquio*. Um solilóquio negativo pode ser um importante fator na perpetuação dos transtornos de ansiedade.

Sentir ansiedade é, sem dúvida, uma condição humana inerente a todos. No entanto, evitar adoecer por excesso dela é uma escolha que cada um pode fazer. Quando se compreendem as causas da ansiedade, percebe-se que, em seu processo de adoecimento, inúmeros fatores se interligam em um complexo jogo de probabilidades e/ou possibilidades, em que no final todos perdem algo. Não se tem o poder de mudar a genética de alguém, ou mesmo a reação "primitiva" de medo e ansiedade. Mas é possível mudar a maneira de viver, de se relacionar, de se cuidar e de ser feliz.

O conhecimento fornecido neste capítulo não visa oferecer justificativas para os estados de ansiedade patológicos, mas, sim, criar condições de transcendê-los, com plena consciência das dificuldades e com a certeza de que a força do querer pode fazer toda a diferença entre sentir ansiedade, eventualmente, ou viver e adoecer com ela.

O preço a pagar para se viver uma vida que valha a pena é alto, muito alto, mas precisamos e devemos pagar. É o exercício mágico e transcendente de se reinventar a cada sofrimento.

18
É PRECISO SABER VIVER

O relato de Bianca, advogada bem-sucedida de 34 anos, está repleto de clichês muito familiares a todos nós. São os clichês dos cidadãos do século XXI:

> Não vou dar conta de tanto trabalho. Preciso de férias! Férias de tudo: trabalho, filhos, pais, amigos, tudo mesmo! Estou saturada. Tenho que admitir: não é possível lidar com tudo isso. Preciso relaxar, parar o jogo, zerar a vida. Mas como, se nunca tenho tempo? Minha vida está escorrendo entre os dedos, uma vida fluida sobre a qual não tenho o menor controle! Queria gritar, espernear, chorar, socar, sumir... Pra onde? Quando? E depois? Definitivamente estou superestressada!

A maioria das pessoas se pergunta o que aconteceu com as projeções futuristas de um século XXI repleto de tecnologia, com menos trabalho, mais prazer, mais igualdade, mais conforto, com carros voadores, robôs que realizam todo o trabalho braçal, cheio de muita paz e felicidade. Com certa perplexidade, vamos tocando nossas vidas sem compreender muito bem o porquê de tanta expectativa frustrada. Mas não podemos parar: sempre em frente, afinal não temos tempo a perder!

E imagine entrar no cinema para ver um filme qualquer, somente para arejar a cabeça. O filme se passa no início do século XX, lá pelos idos de 1920. A história revela o cotidiano de uma família comum de classe média, destacando as ideias e as percepções daquela época. Ao final do filme, um sentimento dúbio de pesar e alegria nos faz refletir.

Quando olhamos para o mundo de cem anos atrás e vemos uma espécie de inocência e simplicidade, uma onda de nostalgia nos invade a alma. Andar a cavalo ou de charrete, comunicar-se por cartas escritas à mão, participar de saraus, realizar refeições em família, tomar a fresca ao entardecer, não ser bombardeado por informações o tempo todo... Convenhamos, aquela vida tinha lá seu charme! Será que trocaríamos o que tínhamos naquela época pelo que temos hoje? Talvez sim, talvez não, tudo depende do quanto valorizamos as "conveniências modernas" em contraposição à simplicidade de outros tempos.

Depois de algumas horas do término do filme, começamos a voltar à realidade e sentenciamos: temos de seguir em frente, pois, de qualquer modo, o tempo não volta e não temos escolha nesse sentido. O século XXI já aconteceu! Ele é nossa realidade e, gostemos ou não dessa ideia, não há como voltar atrás.

Tudo é um estranho paradoxo. Quanto mais temos coisas à nossa disposição, para facilitar nossa vida e nossa rotina, tudo parece ficar cada vez mais difícil. Temos tantos aparelhos para economizar trabalho — máquinas de lavar roupas e louças, fogões a gás e elétricos, aspiradores de pó, micro-ondas, espremedores de frutas, cafeteiras elétricas —, uma variedade interminável de aparelhos domésticos. Temos fast-food delivery no momento desejado, o *internet banking*, o supermercado e o táxi on-line.

Temos telefones em casa, os smartphones nas ruas: tudo para que possamos estar em constante contato com nosso entorno. Temos carros (e, muitas vezes, vários carros), aviões e metrôs. Temos televisão de todos os tipos e tamanhos, internet em altíssima velocidade, CDs, DVDs, Blu-ray, iPods, iTunes, Apple TV, Netflix e Spotify. Temos computadores em nosso escritório, em nossa casa, em nossas pastas e tablets em nossas mãos. Em suma: temos muito!

Dispomos de equipamentos cada vez mais rápidos, muito mais velozes do que a capacidade que nosso cérebro tem de processar tanta informação. Nesse rodamoinho, da competitividade, da pressa, das exigências, do consumismo desenfreado e das inovações constantes da sociedade contemporânea, muitos de nós somos tomados por sentimentos de medo e ansiedade tão intensos que cruzam as fronteiras entre o saudável e o patológico.

Os *transtornos de ansiedade* são, de certa forma, os reflexos de nossos dias; esses dias inacabáveis que nos fazem pensar que alguma coisa está totalmente fora da ordem. E está mesmo! Em todos os transtornos de ansiedade, uma resposta que era para ser normal e adaptativa se transforma em um monstro dentro de nós. O monstro é a "ansiedade patológica", que nos causa sintomas como tensão e medo, que são indesejáveis, excessivos e inadequados para a situação em que nos encontramos. Ela surge e nos ataca quando não queremos ou quando não faz nenhum sentido. Nossa capacidade de sentir ansiedade e medo é uma bênção que pode se tornar uma maldição. É o feitiço que se vira contra o feiticeiro.

A ansiedade e o medo são respostas emocionais cravadas em nosso DNA para nos ajudar a sobreviver, desde que existimos como espécie humana. Se nosso cérebro estiver em boas condições de funcionamento e a ansiedade, exatamente no nível certo, ele poderá atingir o máximo de empenho em diversos desafios, nos mais variados setores de nossa vida. Se, por outro lado, nosso cérebro ficar ansioso demais e entrar em pânico em momentos decisivos, estaremos com problemas.

O truque é encontrar o nível certo de ansiedade, para que tenhamos uma boa performance diante dos obstáculos e contratempos que a vida nos apresenta. Não é saudável, tampouco recomendável, termos níveis de ansiedade altos ou baixos demais. É claro que graduá-los para que possamos dar conta de todos os afazeres modernos, sem que tenhamos de adoecer por isso, é um desafio e tanto! Talvez o maior de todos, desses nossos tempos tão estressados. Para tanto, necessitamos do mais valioso bem que uma pessoa pode possuir: o conhecimento. O autoconhecimento nos traz o saber, e este, o poder de nos transformar em pessoas melhores e mais plenas internamente.

Do ponto de vista tipicamente psicológico, o homem moderno não é muito diferente de seus remotos antepassados. Nossas estruturas neurobiológicas ainda são as mesmas: assim que detectam sinais de ameaça ou perigo — através de nossa forma de avaliar cognitivamente (conscientemente) as situações —, reações neuroendócrinas são disparadas em frações de segundos, predispondo o organismo a enfrentar o perigo real ou imaginário, mas do mesmo modo temido. Dessa forma, o medo e a ansiedade nos tornam aptos à ação, estimulando cautela em nossas escolhas e comportamento. Fazem-nos vibrar e nos mantêm vivos.

Considerando que viver é se deparar o tempo todo com um incalculável número de novidades, riscos, acertos e erros, podemos concluir que, se quisermos realmente mudar nossas vidas, teremos de descobrir um jeito de estabelecer uma relação amigável com esses sentimentos. Caso contrário, só nos restará a resignação de viver um estilo de vida ansioso, conflitivo e adoecedor. Afinal de contas, pelo menos em matéria da reação do medo, e parodiando o cantor e compositor Belchior, "ainda somos os mesmos e vivemos como nossos ancestrais!".

Mesmo com todos os avanços terapêuticos conquistados pelas neurociências nos últimos anos, seja no aspecto medicamentoso, seja na abordagem cognitivo-comportamental da psicologia, ainda temos que lidar com a certeza de que viver é um significativo caminho terapêutico, que nos confronta com o medo e nos impele na direção do autoconhecimento e do amadurecimento.

O preço a pagar para se viver uma vida que valha a pena é alto, muito alto, mas precisamos e devemos pagar. Pensando bem, as coisas que são realmente importantes na vida geralmente nos pegam desprevenidos em uma terça-feira chuvosa qualquer. Assim, é necessário transformar as experiências de medo e de ansiedade em algo frutífero, que nos ajude a revelar novas versões da vida, a partir da compreensão de nossas próprias identidades, em um processo simultâneo de "construção e reconstrução", como bem nos disse o pedagogo e filósofo Paulo Freire.

É o exercício mágico e transcendente de se reinventar a cada sofrimento. Fazer isso no cenário de imprevisibilidades que é nossa existência significa construir a melhor obra de arte que pudermos a partir do barro essencial que nos foi dado.

Viver com esse propósito é dar conta de fazer o que a evolução não teve tempo ou agilidade de fazer; ou seja, adaptar o funcionamento de nosso cérebro e nossa mente às novas e desafiadoras circunstâncias dos tempos modernos.

Bibliografia

Abreu, C.N. de et al. *Síndromes psiquiátricas: diagnóstico e entrevista para profissionais de saúde mental*. Porto Alegre: Artmed, 2006.
American Psychiatric Association. DSM-5. *Manual diagnóstico e estatístico de transtornos mentais*. Trad. Maria Inês Corrêa Nascimento et al. 5. ed. Porto Alegre: Artmed, 2014.
_____. DSM-IV. *Manual diagnóstico e estatístico de transtornos mentais*. Trad. Dayse Batista. 4. ed. Porto Alegre: Artmed, 2000.
_____. DSM-IV-TR. *Manual diagnóstico e estatístico de transtornos mentais*. Trad. C. Dornelles. 4. ed. rev. Porto Alegre: Artmed, 2002.
Andreasen, N.C. "Post-Traumatic Stress Disorder". In: Friedman, A.M.; Kaplan, H.I.; Sadock, B. J. (Orgs.). *Comprehensive Textbook of Psychiatry IV*. Baltimore: Williams and Wilkins, 1984, pp. 918-24. v. 1.
_____. *The Broken Brain: The Biological Revolution in Psychiatry*. Nova York: Harper and Row, 1984.
Arantes, M.A. de; Vieira, M.J.F. *Estresse*. São Paulo: Casa do Psicólogo, 2002.
Asbahn, F.; Ito, L.; Moritz, K.; Rangé, B.P. "Transtorno obsessivo-compulsivo". In: Rangé, B.P. (Org.). *Psicoterapias cognitivo-comportamentais: um diálogo com a psiquiatria*. Porto Alegre: Artmed, 2001.
Baxter, L.R. et al. "Caudate Glucose Metabolic Rate Changes with Both Drug and Behavior Therapy for Obsessive-Compulsive Disorder". *Archives of General Psychiatry*, v. 49, pp. 681-9, 1992.
BBC Brasil On-line. Disponível em: <http://www.bbc.com/portuguese/noticias/2011/12/111214_mapaviolencia_pai.shtml>. Acesso em: jun. 2017.

_____. Disponível em: <http://www.bbc.com/portuguese/noticias/2014/09/140914_salasocial_eleicoes2014_violencia_policia_numeros_lk_jp>. Acesso em: jun. 2017.
BBC World News. *Stress Detectors for Soldiers*, maio 2002.
Beck, J.S. *Terapia cognitiva: teoria e prática*. Porto Alegre: Artmed, 1997.
Besset, V.L. (Org.). *Angústia*. São Paulo: Escuta, 2002.
Blanchard, D.C.; Blanchard, R. J. "Ethoexperimental Approaches to the Biology of Emotion". *Annual Reviews of Psychology*, v. 39, pp. 43-68, 1988.
Bolles, R.C.; Fanselow, M. S. "A Perceptual Defensive-Recuperative Model of Fear and Pain". *Behavioral and Brain Sciences*, v.3, pp. 291-323, 1980.
Brawman, M.O.; Lydiard, R.B.; Emmanuel N. et al. "Psychiatric Comorbidity in Patients with Generalized Anxiety Disorder". *American Journal of Psychiatry*, v. 150, pp.1216-8, 1993.
Bremner, J. D.; Marmar, C. R. *Trauma, Memory, and Dissociation*. Washington, DC: American Psychiatric Press, 1998.
Breslau, N.; Davis G.C., "Post-Traumatic Stress Disorder in an Urban Population of Young Adults: Risk Factors for Chronicity". *American Journal of Psychiatry*, v. 149, pp. 671-5, 1992.
Breslau, N.; Kessler R.C.; Chilcoat, H.D. et al. "Trauma and Post-Traumatic Stress Disorder in the Community: the 1996 Detroit Area Survey of Trauma". *Archives of General Psychiatry*, vol. 55, pp. 626-32, 1998.
Brown, T.; O'Leary, T.A.; Barlow, D.H. "Transtorno de ansiedade generalizada". In: barlow, D.H. (Org.). *Manual clínico dos transtornos psicológicos*. 2. ed. Porto Alegre: Artmed, 1999.
Bruce, M. "Anxiogenic Effects of Caffeine in the Management of Anxiety Disorders". *Archives of General Psychiatry*, v. 49, pp. 967-9, 1992.
_____; Lader, M. "Caffeine Abstention in Patients with Anxiety Disorders". *Psychological Medicine*, v. 19, pp. 211-4, 1989.
Butler, G. "Distúrbios fóbicos". In: Hawton, K. et al. *Terapia cognitivo-comportamental para problemas psiquiátricos: um guia prático*. São Paulo: Martins Fontes, 1997.
Caminha, R.M. "Transtorno de estresse pós-traumático". In: Knapp, P. et al. *Terapia cognitivo-comportamental na prática psiquiátrica*. Porto Alegre: Artmed, 2004.
Chambless, D.L.; Gillis, M.M. "Cognitive Therapy of Anxiety Disorders". *Journal of Consulting and Clinical Psychology*, v. 61, n. 2, pp. 248-60, 1993.
Chou, Tony. "Wake Up and Smell the Coffee: Caffeine, Coffee and the Medical Consequences". *The Western Journal of Medicine*, v. 152, n.5, pp. 544-53, 1992.
Clark, D.A.; Beck, A.T. *Terapia cognitiva para os transtornos de ansiedade*. Porto Alegre: Artmed, 2012.

CLARK, M. D. "Estados de ansiedade: pânico e ansiedade generalizada". In: HAWTON, K. et al. *Terapia cognitivo-comportamental para problemas psiquiátricos: um guia prático*. São Paulo: Martins Fontes, 1997.

CNJ – CONSELHO NACIONAL DE JUSTIÇA. Disponível em: <http://www.cnj.jus.br/noticias/cnj/81755-encarceramento-nao-reduz-criminalidade-diz-diretor-geral-do-depen>. Acesso em: jun. 2017.

CORDIOLI, A.V. "Transtorno obsessivo-compulsivo". In: KNAPP, P. et al. *Terapia cognitivo-comportamental na prática psiquiátrica*. Porto Alegre: Artmed, 2004.

COSTA, M.R.; LANNA, A. "Fobias específicas". In: RANGÉ, B.P. (Org.). *Psicoterapias cognitivo-comportamentais: um diálogo com a psiquiatria*. Porto Alegre: Artmed, 2001.

CRUZ, A.P.M.; ZANGROSSI Jr., H.; GRAEFF, F.G. "Psicobiologia da ansiedade". In: RANGÉ, B. P. (Org.). *Psicoterapia comportamental e cognitiva: pesquisas, prática, aplicações e problemas*. Campinas: Editorial Psy, 1998.

DALTON, K. "Diet of Women with Severe Premenstrual Syndrome and the Effect of Changing to a Three-Hourly Starch Diet". *Stress Medicine*, v. 8, pp. 61-5, 1992.

DARWIN, C. *A expressão das emoções no homem e nos animais*. São Paulo: Companhia das Letras, 2000.

DAVIDSON, J.R.; HUGHES, D.L.; GEORGE L.K. et al. "The Epidemiology of Social Phobia: Findings from the Duke Epidemiological Catchment Area Study". *Psychological Medicine*, v. 23, pp. 709-18, 1993.

DAWKINS, R. *The Selfish Gene*. 2. ed. Nova York: Oxford University Press, 1989.

DEWIT, D.J.; OGBORNE, A.; OFFORD, D.R. et al. "Antecedents of the Risk of Recovery from DSM-III-R Social Phobia". *Psychological Medicine*, v. 29, pp.569-82, 1999.

EATON, W.M.; DRYMAN, A.; WEISSMAN, M. "Panic and Phobia". In: ROBINS, L.N.; REGIER, D.A (Orgs). *Psychiatric Disorders in America*. Nova York: Free Press, 1991.

ÉPOCA ON-LINE. Disponível em: <http://epoca.globo.com/tempo/noticia/2016/03/brasil-bate-recorde-no-numero-de-homicidios-segundo-ipea.html>. Acesso em: jun. 2017.

FALCONE, A. "Fobia social". In: RANGÉ, B.P. (Org.). *Psicoterapia comportamental e cognitiva de transtornos psiquiátricos*. Campinas: Editorial Psy, 1995.

FALCONE, A.; FIGUEIRA, I. "Transtorno de ansiedade social". In: RANGÉ, B.P. (Org.). *Psicoterapia comportamental e cognitiva de transtornos psiquiátricos*. Campinas: Editorial Psy, 1995.

FANSELOW, M.S. "The Midbrain Periaqueductal Gray as a Coordinator of Action in Response to Fear and Anxiety". In: DEPAULIS, A.; BLANDER, R. (Orgs.). *The Midbrain Periaqueductal Gray Matter: Functional, Anatomical and Immunohistochemical Organization*. Nova York: Plenum, 1991, pp. 151-73.

Flint, A.J. "Epidemiology and Comorbidy of Anxiety Disorders in the Elderly". *American Journal of Psychiatry,* v. 151, pp. 640-9, 1994.

Fontana, A.M. *Manual de clínica em psiquiatria.* São Paulo: Atheneu, 2005.

Freeman, D.; Freeman, J. *Ansiedade: o que é, os principais transtornos e como tratar.* Porto Alegre: l&m, 2014.

Freud, S. *Sobre os fundamentos para destacar da neurastenia uma síndrome específica denominada "Neurose de Angústia".* Edição Standard Brasileira das Obras Psicológicas Completas de Sigmund Freud, v. 3. Rio de Janeiro: Imago, 1996. (Originalmente publicado em 1895 [1894].)

Freund, G. "Benzodiazepine Receptor Loss in Brains of Mice After Chronic Alcohol Consumption". *Life Sciences,* v. 27, n. 11, pp. 987-92, 1980.

G1 – jornal da globo. Disponível em: <http://g1.globo.com/jornal-da-globo/noticia/2014/04/maioria-dos-crimes-no-brasil-nao-chega-ser-solucionada-pela-policia.html>. Acesso em: jun. 2017.

Gorman, J.M. et al. "Neuroanatomical Hypothesis of Panic Disorder, Revised". *American Journal of Psychiatry,* v. 157, pp. 493-505, 2000.

Graeff, F.G. "Medicamentos ansiolíticos". In: Graeff, F.G.; Guimarães, F.S. (Orgs.). *Fundamentos de psicofarmacologia.* São Paulo: Atheneu, 1999, pp. 123-60.

_____; Guimarães, F.S.; Deakin, J.F.W. "Serotonina, a molécula da ansiedade e da depressão". *Ciência Hoje,* v. 16, pp. 50-8, 1993.

_____; Tomaz, C. "Emotion and Memory". *Behavioral Brain Research,* v. 58, 1993.

_____; "Imagens da ansiedade". *Ciência Hoje,* v. 9, p. 13, 1989.

Gray, J.A. *The Neuropsychology of Anxiety.* Nova York: Oxford University, 1982.

_____; Mcnaughton, N. *The Neuropsychology of Anxiety.* 2. ed. Oxford: Oxford University, 2000.

Greenberger, D.; Padesky, C.A. *A mente vencendo o humor.* Porto Alegre: Artmed, 1999.

Gabriëls, L.; Cosyns, P.; Nuttin, B. et al. "Deep Brain Stimulation for Treatment-Refractory Obsessive-Compulsive Disorder: Psychopathological and Neuropsychological Outcome in Three Cases". In: *Acta Psychiatrica Scandinavica.* Nova Jersey: John Wiley & Sons, 2003, pp. 275-82.

Greenberg, W.M. *Obsessive-Compulsive Disorder.* 9 jun. 2017. Disponível em: <http://emedicine.medscape.com/article/1934139-overview>. Acesso em: jun. 2017.

Guimarães, F.; Rangé, B.P. "Fobias específicas". In: Rangé, B.P. (Org.). *Psicoterapia comportamental e cognitiva de transtornos psiquiátricos.* Campinas: Editorial Psy, 1995.

HELDT, E.; MANFRO, G.G.; SHINOHARA, H. "Transtorno do pânico". In: KNAPP, P. et al. *Terapia cognitivo-comportamental na prática psiquiátrica*. Porto Alegre: Artmed, 2004.

HOLLANDER, E.; SIMEON, D. *Transtornos de ansiedade*. Porto Alegre: Artmed, 2004.

HOLLANDER, E.; BIENSTOCK, C.; PALLANTI, S. et al. "Refractory Obsessive-Compulsive Disorder: State of-the-Art Treatment". *Journal of Clinical Psychiatry*, v. 63 (suppl. 6), pp. 20-9, 2002.

HYPERTENSION ON-LINE. BROOK, Robert D. et al. *Beyond Medications and Diet: Alternative Approaches to Lowering Blood Pressure. A Scientific Statement From the American Heart Association*, vol. 61, pp. 1360-83, 2013. Disponível em: <http://hyper.ahajournals.org/content/61/6/1360>. Acesso em: jul. 2017.

JOHNSON, J.; WEISSMAN, M.M.; KLERMAN, G.L. "Panic Disorder, Comorbidity, and Suicide Attempts". *Archives of General Psychiatry*, v. 47, pp. 805-8, 1990.

KAPCZINSK, F.; MARGIS, R. "Transtorno de ansiedade generalizada". In: KNAPP, P. (colab.). *Terapia cognitivo-comportamental na prática psiquiátrica*. Porto Alegre: Artmed, 2004.

KATSCHING, H. et al. "Long-Term Follow-Up After a Drug Trial for Panic Disorder". *The British Journal of Psychiatry*, v.167, pp. 487-94, 1995.

KESSLER, R.C. et al. "Post-Traumatic Stress Disorder in the National Comorbidity Survey". *Archives of General Psychiatry*, v. 52, pp. 1048-60, 1995.

KING, D.S. "Can Allergic Exposure Provoke Psychological Symptoms? A Double--Blind Test". *Biological Psychiatry*, v. 16, n. 1, pp. 3-19, 1981.

KITCHER, P. *The Lives to Come: The Genetic Revolution and Human Possibilities*. Nova York: Simon and Schuster, 1996.

LEAHY, R.L. *Livre de ansiedade*. Porto Alegre: Artmed, 2011.

LEDOUX, J. *O cérebro emocional: os misteriosos alicerces da vida emocional*. Rio de Janeiro: Objetiva, 1998.

LEDOUX, J. *The Emotional Brain*. Nova York: Simon and Schuster, 1996.

LEONARD, B.E.; MILLER, K. *Stress, the Immune System and Psychiatry*. Chichester, Reino Unido: John Wiley and Sons, 1995.

LEPINE, J.P.; CHIGNON, J.M.; TEHERANI, M. S. "Suicide Attempts in Patients with Panic Disorder". *Archives of General Psychiatry*, v. 50, pp. 144-9, 1993.

LESOURD, S. *A construção adolescente no laço social*. Petrópolis: Vozes, 2004.

LIPP, M.E.N. (Org.). *Mecanismos neuropsicofisiológicos do stress: teoria e aplicações clínicas*. São Paulo: Casa do Psicólogo, 2003.

LIPSITZ, J.D.; MARKOWITZ, J.C.; CHERRY, S. et al. "Open Trial of Interpersonal Psychotherapy for the Treatment of Social Phobia". *American Journal of Psychiatry*, v. 156, pp. 1814-6, 1999.

Lyon, J.; Gorner, P. *Altered Fates: Gene Therapy and the Retooling of Human Life*. Nova York: W. W. Norton, 1995.

Mail On-line. "The Obsessive Disorder that Haunts my Life". Disponível em: <http://www.dailymail.co.uk/tvshowbiz/article-381802/The-obsessive-disorder-haunts-life.html>. Acesso em: jun. 2017.

Mari, J. de J. et al. *Guia de psiquiatria*. São Paulo: Manole, 2002.

Masci, C.; Rangé, B.P. "Transtorno de estresse pós-traumático". In: rangé, B. (Org.). *Psicoterapias cognitivo-comportamentais: um diálogo com a psiquiatria*. Porto Alegre: Artmed, 2001.

Mataix-Cols, D. et al. "Use of Factor-analyzed Symptom Dimensions to Predict Outcome with Serotonin Reuptake Inhibitors and Placebo in the Treatment of Obsessive-Compulsive Disorder". *American Journal of Psychiatry*, v. 156, pp.1409-16, 1999.

May, R. *O homem à procura de si mesmo*. Petrópolis: Vozes, 2002.

Mazure, C.M. *Does Stress Cause Psychiatric Illness?* Washington, dc: American Psychiatric Press, 1995.

Mcewen, B.S.; Gould, E.A.; Sakai, R.R. "The Vulnerability of the HippoCampus to Protective and Destructive Effects of Glucocorticoids in Relation to Stress". *British Journal of Psychiatry*, v. 160, pp. 18-24, 1992.

Mcguire, M.T.; Troisi, A. *Psichiatria darwiniana*. Roma: Giovanni Fioriti, 2003.

Medina, J.H.; Paladini, A.C.; Izquierdo, I. "Naturally Occurring Benzodiazepines and Benzodiazepine-Like Molecules in Brain". *Behavioral Brain Reserch*, v. 58, pp. 1-8, 1993.

Noyes, R. Jr.; Clancy, J.; Woodman, C. et al. "Environmental Factors Related to the Outcome of Panic Disorder. A Seven-Year Follow-Up Study". *Journal of Nervous and Mental Disorders*, v. 181, pp. 529-38, 1993.

Notícias Brasil On-line. Disponível em: <http://www.noticiasbrasilonline.com.br/10-fatos-que-mostram-como-violencia-no-brasil-esta-muito-pior-do-que-voce-imagina>. Acesso em: jun. 2017.

O Globo On-line. Disponível em: <https://oglobo.globo.com/sociedade/tecnologia/coreia-do-sul-proibe-adolescentes-de-jogar-videogame-de-madrugada-3312676>. Acesso em: jun. 2017.

O'Rourke, D. et al. "The Galway Study of Panic Disorder. iii. Outcome at 5 to 6 Years". *British Journal of Psychiatry*, v. 168, pp. 462-9, 1996.

ONUBR – Nações Unidas no Brasil. Disponível em: <https://nacoesunidas.org/onu-50-mil-pessoas-foram-assinadas-no-brasil-em-2012-isto-equivale-a--10-dos-homicidios-no-mundo>. Acesso em: jun. 2017.

PEREIRA, A.L.S. *Construção de um protocolo de tratamento para o transtorno de ansiedade generalizada*. 2005. Dissertação de mestrado. UFRJ — Rio de Janeiro.

PEREIRA, M.E.C. *Psicopatologia dos ataques de pânico*. São Paulo: Escuta, 1999.

PINEL, J.P.J. *Biopsicologia*. Porto Alegre: Artmed, 2005.

PMC. US National Library of Medicine. National Institutes of Health. Online. SCHREINER, P.J. "Emerging Cardiovascular Risk Research: Impact of Pets on Cardiovascular Risk Prevention". American Heart Association, Inc. *Circulation*, v. 127, pp. 2353-63, 2013. Disponível em: <https://www.ncbi.nlm.nih.gov/pmc/articles/PMC4991891>. Acesso em: jul. 2017.

PÓVOA, H. *O cérebro desconhecido*. Rio de Janeiro: Objetiva, 2002.

PRATT, J.A. "The Neuroanatomical Basis of Anxiety". *Pharmacological Therapy*, v. 55, pp. 149-81, 1992.

RANGÉ, B.P. (Org.). *Terapia cognitivo-comportamental: um diálogo com a psiquiatria*. Porto Alegre: Artmed, 2001.

_____. (Org.). *Psicoterapia comportamental e cognitiva de transtornos psiquiátricos*. Campinas: Editorial Psy, 1995.

_____. (Org.). *Psicoterapia comportamental e cognitiva: pesquisa, prática, aplicações e problemas*. Campinas: Editorial Psy, 1995.

_____; BERNIK, M.A. "Transtornos de pânico e agorafobia". In: RANGÉ, B.P. (Org.). *Psicoterapias cognitivo-comportamentais: um diálogo com a psiquiatria*. Porto Alegre: Artmed, 2001.

RASKIN, M. et al. "Panic And Generalized Anxiety Disorders: Developmental Antecedents and Precipitants". *Archives of General Psychiatry*, v. 39, pp. 687-9, 1982.

RAFEE, R.M. et al. *Transtorno de ansiedade na infância*. São Paulo: M. Books, 2010.

REVISTA GALILEU, n. 187, fev. 2007.

RATEY, J.J. *O cérebro: um guia para o usuário*. Rio de Janeiro: Objetiva, 2002.

ROBBINS, N.L.; REGIER, D.A. *Psychiatric Disorders in America: The Epidemiologic Catchment Area study*. Library of Congress Cataloging-in-Publication Data. Nova York, 1991.

SALKOVSKIS, K.J. "Distúrbios obsessivos". In: HAWTON, K. et al. *Terapia cognitivo-comportamental para problemas psiquiátricos: um guia prático*. São Paulo: Martins Fontes, 1997.

SAPOLSKY, R.M. "Why Stress is Bad for Your Brain". *Science*, v. 273, pp. 749-50, 1996.

SARTRE, J.–P. *A náusea*. Rio de Janeiro: Nova Fronteira, 1996.

_____. *O ser e o nada*. Petrópolis: Vozes, 2000.

SCHNEIER F.R. et al. "Functional Impairment in Social Phobia". *Journal of Clinical Psychiatry*, v. 55, pp. 322-31, 1994.

SCRIGNAR, C.B. *Post-Traumatic Stress Disorder: Diagnosis, Treatment, and Legal Issues*. Nova York: Praeger, 1984.

SERVAN-SCHREIBER, David. *Curar – o stress, a ansiedade e a depressão sem medicamento nem psicanálise*. São Paulo: Sá, 2004.

SHINOHARA, H.; NARDI, A.E. "Transtorno de ansiedade generalizada". In: RANGÉ, B.P. (Org.). *Psicoterapias cognitivo-comportamentais: um diálogo com a psiquiatria*. Porto Alegre: Artmed, 2001.

SILVA, A. *Ansiedade corporativa: confissões sobre estresse e depressão no trabalho e na vida*. Rio de Janeiro: Rocco, 2015.

SILVA, A.B.B. *Bullying: mentes perigosas nas escolas*. 2. ed. São Paulo: Principium, 2015.

_____. *Corações descontrolados: ciúmes, raiva, impulsividade – o jeito borderline de ser*. 2. ed. Rio de Janeiro: Objetiva, 2012.

_____. *Mentes consumistas: do consumismo à compulsão por compras*. São Paulo: Principium, 2014.

_____. *Mentes depressivas: as três dimensões da doença do século*. São Paulo: Principium, 2016.

_____. *Mentes e manias: TOC: transtorno obsessivo-compulsivo*. 2. ed. São Paulo: Principium, 2017.

_____. *Mentes inquietas: TDAH: desatenção, hiperatividade e impulsividade*. 4. ed. São Paulo: Principium, 2014.

_____. *Mentes insaciáveis: anorexia, bulimia e compulsão alimentar*. Rio de Janeiro: Ediouro, 2005.

_____. *Mentes perigosas: o psicopata mora ao lado*. 2. ed. São Paulo: Principium, 2014.

SILVA, A.B.B.; XIMENEZ, L. "EMTr – Estimulação magnética transcraniana repetitiva". Disponível em: <http://draanabeatriz.com.br/?p=874>. Acesso em: jul. 2017.

SOBER, E.; WILSON, D.S. *Unto Others: The Evolution and Psychology of Unselfish Behavior*. Cambridge, Mass: Harvard University Press, 1998.

STEIN, M.B.; KEAN, Y.M. "Disability and Quality Social Phobia: Epidemiologic Findings". *American Journal of Psychiatry*, v. 157, pp. 1606-13, 2000.

STOSSEL, S. *Meus tempos de ansiedade: medo, esperança, terror e a busca da paz de espírito*. São Paulo: Companhia das Letras, 2014.

UNODC – UNITED NATIONS OFFICE ON DRUGS AND CRIME. Global Study on Homicide 2013. Disponível em: <http://www.unodc.org/documents/data-and-analysis/statistics/GSH2013/2014_GLOBAL_HOMICIDE_BOOK_web.pdf>. Acesso em: jun. 2017.

TWENGE, J.M. *Generation Me: Why Today's Young Americans Are More Confident, Assertive, Entitled — and More miserable — Then Ever Before*. Nova York: Simon and Schuster, 2006.

Ursano, R.J.; Mccaughey, B.G.; Fullerton, C.S. *Individual and Community Responses to Trauma and Disaster.* Cambridge, uk: Cambridge University Press, 1994.

Valor Econômico On-line. Disponível em: <http://www.valor.com.br/brasil/4759045/em-5-anos-houve-mais-assassinatos-no-brasil-que-na-siria-diz-estudo>. Acesso em: jun. 2017.

_____. Disponível em: <http://www.valor.com.br/brasil/4493134/brasil-lidera-em-numero-de-homicidios-no-mundo-diz-atlas-da-violencia>. Acesso em: jun. 2017.

_____. Disponível em: <http://www.valor.com.br/brasil/4493134/brasil-lidera-em-numero-de-homicidios-no-mundo-diz-atlas-da-violencia>. Acesso em: jun. 2017.

Wielenska, R.C.; Araújo, L.A.B.; Bernik, M.A. "Transtornos obsessivo-compulsivos". In: Rangé, B.P. (Org.). *Psicoterapia comportamental e cognitiva de transtornos psiquiátricos.* Campinas: Editorial Psy, 1995.

Wittchen, H.U. et al. "Disabilities and Quality of Life in Pure and Comorbid Generalized Anxiety Disorder and Major Depression in a National Survey". *International Clinical Psychopharmacol,* v. 15, pp. 319-28, 2000.

_____. "DSM-III-R Generalized Anxiety Disorder in the National Comorbidy Survey". *Archives of General Psychiatry,* v. 51, pp. 355-64, 1994.

Woodman, C.L. et al. "A 5-Year Follow-Up Study of Generalized Anxiety Disorder and Panic Disorder". *Journal of Nervous and Mental Disease,* v.187, pp. 3-9, 1999.

Yehuda, R. Neuroendocrinology of Trauma and PTSD. In: Yehuda, R. (Org). *Psychological Trauma.* Washington: American Psychiatric Press, 1998, pp. 97-132.

Zlotnick, C. et al. "Chronicity in Post-Traumatic Stress Disorder (ptsd) and Predictors of Course of Comorbid ptsd in Patients with Anxiety Disorder". *Journal of Trauma Stress,* v. 12, pp. 89-100, 1999.

Contatos da
Dra. Ana Beatriz Barbosa Silva

Homepage: draanabeatriz.com.br
E-mail de contato: abcomport@gmail.com
Instagram: instagram.com/anabeatriz11/
Facebook: facebook.com/draanabeatriz
Tiktok: tiktok.com/@draanabeatriz11
YouTube: youtube.com/anabeatrizbsilva
Twitter: twitter.com/anabeatrizpsi

Este livro, composto na fonte Fairfield,
foi impresso em papel offset 90 g/m² na gráfica Coan.
Tubarão, Brasil, janeiro de 2023.